MW01709416

J'apprends à lire…
Aidez-moi !

La collection *Théories et pratiques dans l'enseignement* (suite)

Le corps enseignant du Québec de 1845 à 1992
par M'hammed Mellouki
et François Melançon

Le jeu éducatif
par Nicole De Grandmont

Le jeu ludique
par Nicole De Grandmont

Le jeu pédagogique
par Nicole De Grandmont

Le plaisir de questionner en classe de français
par Godelieve De Koninck

Le roman d'amour à l'école
par Clémence Préfontaine

Le savoir des enseignants
sous la direction de Clermont Gauthier,
M'hammed Mellouki et Maurice Tardif

Lectures plurielles
sous la direction de Norma
Lopez-Therrien

Les fables informatiques
par Francis Meynard

Les modèles de changement planifié en éducation
par Lorraine Savoie-Zajc

Les processus mentaux et les émotions dans l'apprentissage
par Louise Lafortune et Lise Saint-Pierre

Liberté sans limites
par Serge Michalski et Louise Paradis

Matériaux fragmentaires pour une histoire de l'UQAM
par Claude Corbo

Oméga et la communication
par Serge Michalski et Louise Paradis

Oméga et les problèmes de communication
par Serge Michalski et Louise Paradis

Ordinateur, enseignement et apprentissage
sous la direction de Gilles Fortier

Pédagogie du jeu
par Nicole De Grandmont

Pour un enseignement stratégique
par Jacques Tardif

Pour un nouvel enseignement de la grammaire
sous la direction de Suzanne-G. Chartrand

Savoir, penser et agir
par Jean-Claude Brief

Solitude des autres
sous la direction de
Norma Lopez-Therrien

Tranches de savoir
par Clermont Gauthier

Violence et délinquance en milieu scolaire
par Serge Michalski et Louise Paradis

Jacqueline Thériault

J'apprends à lire...
Aidez-moi

Comment l'enfant
s'apprend à lire et à écrire

Les Éditions
LOGIQUES

Données de catalogage avant publication (Canada)
Thériault, Jacqueline
J'apprends à lire... aidez-moi! : Comment l'enfant s'apprend à lire et à écrire
(Collection Théories et pratiques dans l'enseignement)
Comprend des réf. bibliogr.
ISBN 2-89381-345-3
1. Lecture (Éducation préscolaire). 2. Écriture - Étude et enseignement (Préscolaire). 3. Lecture, Maturité pour la. I. Titre. II. Collection.

LB1181.2.T43 1995 372.4 C96-940485-6

Logiques est une maison d'édition agréée par les organismes d'État responsables de la culture et des communications.

Afin de ne pas alourdir la lecture de ce livre, seul le genre masculin a été utilisé, mais il s'applique autant au sexe féminin que masculin. Toutefois, le genre féminin a été privilégié lorsque l'auteure s'adresse aux éducatrices ou aux enseignantes.

Révision linguistique: Camille Gagnon, Margot Sangorrin, Cassandre Fournier
Graphisme de la couverture: Christian Campana
Mise en pages: Martin Gascon

Distribution au Canada:
Logidisque inc., 1225, rue de Condé, Montréal (Québec) H3K 2E4
Téléphone: (514) 933-2225 • Télécopieur: (514) 933-2182

Distribution en France:
Librairie du Québec, 30, rue Gay Lussac, 75005 Paris
Téléphone: (33) 1 43 54 49 02 • Télécopieur: (33) 1 43 54 39 15

Distribution en Belgique:
Vander Éditeur, avenue des Volontaires, 321, 13-1150 Bruxelles
Téléphone: (32-2) 762-9804 • Télécopieur: (32-2) 762-0662

Distribution en Suisse:
Diffusion Transat s.a., route des Jeunes, 4 ter C.P. 125, 1211 Genève 26
Téléphone: (022) 342-7740 • Télécopieur: (022) 343-4646

Les Éditions LOGIQUES
1247, rue de Condé, Montréal (Québec) H3K 2E4
Téléphone: (514) 933-2225 • Télécopieur: (514) 933-3949

Les Éditions LOGIQUES / Bureau de Paris, 110, rue du Bac, 75007 Paris
Téléphone: (33) 1 42 84 14 52 • Télécopieur: (33) 1 45 48 80 16

J'apprends à lire... Aidez moi!

Deuxième édition
© Les Éditions LOGIQUES inc., 1996
Dépôt légal: Premier trimestre 1996
Bibliothèque nationale du Québec
Bibliothèque nationale du Canada

ISBN 2-89381-345-3
LX-399

À ma mère, Blanche, qui, à la fin de sa vie,
ne peut ni lire, ni écrire, ni même parler.

Sommaire

Chapitre 1

Le passage du concept de « readiness » (être prêt à lire) au concept d'émergence de l'écrit

Le terme « émergence de l'écrit », qui figure dans le titre du présent chapitre, traduit l'orientation de la recherche actuelle sur le développement de la lecture et de l'écriture chez les enfants d'âge préscolaire (Clay, 1967; Goodman, 1980, 1981; Altwerger, 1981, 1983; Teale et Sulzby, 1986; Hall, 1987). Les préoccupations de recherche à ce sujet sont variées, et des études comme celles de Durkin (1966) sur les lecteurs précoces, de Clay (1975), qui analyse l'écrit de l'enfant et en dégage des principes, et de Fodor (1966), qui démontre l'importance de la lecture d'histoires dans le développement de la lecture et de l'écriture, annoncent l'éclosion d'un nouveau paradigme. Celui-ci met en évidence les connaissances que l'enfant possède sur l'écrit avant son arrivée en classe et présente une perception d'adulte qui reconnaît dorénavant l'enfant comme un constructeur de ce savoir (Ferreiro et Teberosky, 1982). L'idée d'émergence suggère que, lorsque le développement prend place, quelque chose de nouveau survient qui n'était pas là auparavant. Ce développement implique l'idée de progrès dans l'élaboration de connaissances sur l'écrit. Ainsi, l'adulte qui observe des bébés verra leur exploration de livres d'images comme de la lecture, et leurs gribouillis comme de l'écriture (Goodman, 1983).

Dans les textes de langue anglaise, le terme « literacy » s'emploie pour désigner les quatre actes suivants de la communication :

parler, écouter, lire et écrire. Quant à la traduction française de ce terme utilisé dans certaines études québécoises, soit le mot « litéracie », nous jugeons qu'elle n'est pas assez porteuse de sens en français et, par conséquent, nous ne l'emploierons pas dans le présent texte. Nous lui avons préféré le terme « écrit » qui fera référence tant à la compétence de l'enfant pour interpréter l'écrit, donc pour lire, qu'à sa compétence pour produire un message écrit, donc pour écrire (Ferreiro, 1983, 1990a). Dans ce paradigme d'émergence de l'écrit, l'image de l'enfant qui « émerge » est celle d'une « intelligence active interagissant avec un objet de connaissance, l'imprimé, observable dans son environnement. » (Ferreiro et Teberosky, 1982).

Pour bien comprendre l'évolution des préoccupations de recherche sur la nature et le rôle de l'écrit dans la petite enfance, faisons d'abord un survol historique des études sur le développement et l'éducation du jeune enfant en ce qui a trait à la lecture et à l'écriture.

LA LECTURE ET L'ÉCRITURE AVANT L'ÂGE SCOLAIRE

Teale et Sulzby (1986) rappellent que, dès la fin du XIXe siècle, une étude de Iredell (1898) établissait un parallèle entre le développement du langage oral et celui du langage écrit. Cette auteure faisait également ressortir l'importance du développement de l'écrit au cours des années préscolaires. Pour sa part, Huey (1908), dans son traité sur la lecture, *The Psychology and Pedagogy of Reading*, consacre un chapitre à la lecture avant l'âge scolaire : « Apprendre à lire à la maison ». Il souligne l'importance des expériences des premières années et la nécessité de sensibiliser les enfants « à l'écrit, de façon naturelle». Au moment de leur parution, ces travaux n'ont pas eu beaucoup de répercussions parce qu'à l'époque, on concevait la lecture comme une compétence à acquérir par un enseignement formel correspondant à l'entrée à l'école.

Vers les années 1920, on observe un changement de cap dans les publications sur le développement de l'enfant et on commence alors à considérer le séjour en maternelle comme une période de préparation : l'enfant doit se socialiser pour entrer à l'école, il doit se préparer pour apprendre à lire... Apparaît alors le concept de « readiness » et plus spécifiquement de « readiness » pour la lecture. Les chercheurs voulaient, semble-t-il, présenter le ou les facteurs qui pourraient aider l'enfant à se préparer mentalement à la lecture. À cette époque et jusque vers les années 1960, on observera donc deux influentes écoles de pensée s'appuyant sur ce concept « d'être prêt à » : un premier mouvement met en évidence le rôle de la maturation physique de l'enfant et un deuxième avance que des expériences appropriées pourraient accélérer le « readiness ». Le schéma ci-dessous résume ces deux approches :

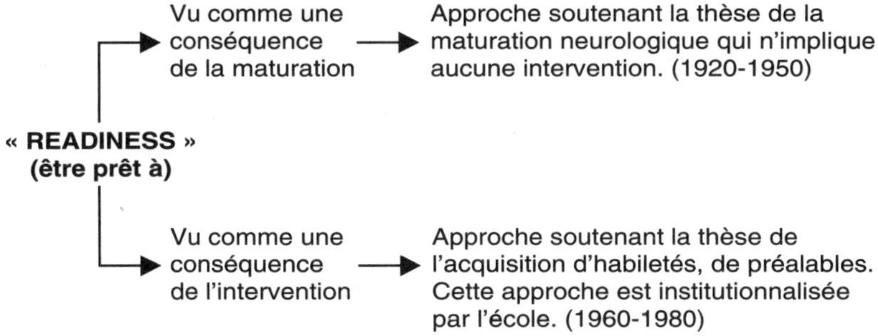

Approche axée sur la maturation

La période qui s'échelonne entre 1920 et 1950 a été marquée par les travaux de Gesell. Cet auteur considère que seule la maturation physique détermine le développement de l'enfant. Il écrit que le progrès dans le développement des habiletés motrices et intellectuelles est le résultat de la maturation neurologique, de la « croissance intrinsèque » qui favorise l'apparition automatique des comportements. Gesell s'appuie ainsi sur des données relatives au développement physique en les appliquant au développement cognitif de façon à étayer la théorie maturationniste de ce développement. S'inscrivant dans le même courant, Hunt (1964) soutient que les changements de pensée chez le jeune enfant sont apparentés à des changements anatomiques ou moteurs et que l'environnement n'influe aucunement sur ce développement.

Selon ce modèle théorique appliqué à la lecture, le processus de lecture s'enclenche à un certain point du développement physique de l'enfant, et si ce dernier n'est pas prêt, on doit attendre ! Cette conception du développement a créé le souci d'évaluer les enfants pour vérifier s'ils sont « prêts à ». D'où l'élaboration de tests pour mesurer l'intelligence de l'enfant et diagnostiquer s'il est prêt à commencer l'apprentissage de la lecture avec des garanties de succès. Durkin (1968) rapporte que les travaux de Marphett et Washburn (1931) avaient grandement influé sur la conception de programmes éducationnels sur le « readiness » en lecture. Les tests conçus par ces chercheurs avaient pour but d'indiquer si l'enfant possédait la maturité nécessaire pour commencer à lire. Un test important datant de cette époque, le *Metropolitain Readiness Test* (1933), a été traduit en français et s'utilise encore dans certains milieux de l'éducation. Les différents tests d'intelligence ont souvent servi d'outils d'intervention et ont donné naissance à des cahiers d'exercices utilisés par les enseignants pour préparer les enfants présentant certaines déficiences révélées par les tests. Cette intervention constitue dès lors un des paramètres de la deuxième approche, celle axée sur l'intervention.

Approche axée sur l'intervention

Le passage d'une approche de la lecture axée sur la maturation de l'enfant à une approche impliquant des préalables pouvant rendre ce dernier « prêt à lire » se produit vers les années 1950-1960. À cette époque, l'accélération du développement technologique fait naître la nécessité de donner une éducation plus rigoureuse; on veut que l'enfant soit prêt... et l'on croit qu'enseigner certains préalables répondrait à cet objectif. C'est aussi vers les années 1960 que la recherche sur la petite enfance prend son essor. On s'aperçoit alors que l'enfant d'âge préscolaire en sait plus que l'on ne le pensait et que déjà, chez lui, se sont développées plusieurs habiletés sur lesquelles il serait probablement possible d'agir.

Les rapports issus des premières études sur les lecteurs précoces entreprises par Durkin paraissent vers la fin des années 1950. Durant la même période, Moore présente un programme d'enseignement aux enfants du préscolaire. Bruner, quant à lui, exerce une importante influence lorsqu'il publie en 1960 son livre *The Process of Education.* Le processus éducationnel préconisé par Bruner est considéré par plusieurs comme une solide assise théorique permettant d'étendre l'enseignement à des sujets plus jeunes que ceux visés jusque-là. En ce qui concerne la lecture, on met l'accent sur l'observation de l'enfant afin d'identifier le plus tôt possible le moment où il est prêt à lire, rejetant ainsi l'idée que l'enfant doit avoir atteint la maturité neurologique pour faire cet apprentissage.

Le monde de l'éducation tourne donc le dos à l'approche axée sur la maturation neurologique en faveur d'une approche interventionniste. Cette position admet la thèse selon laquelle l'enfant possède un ensemble d'habiletés préalables à l'enseignement formel. Dans cette optique, cependant, la lecture constitue un processus distinct de l'écriture. Les habiletés à acquérir sont présentées de façon séquentielle et font l'objet d'un enseignement direct ainsi que d'une évaluation réalisée au moyen de tests. Cet enseignement comporte des activités de « readiness » qui font appel à la mémoire auditive, au rythme, à la reconnaissance de lettres, à l'association visuelle, à la discrimination visuelle et auditive et à la correspondance lettre-son.

Le paradigme du « readiness » tel qu'institutionnalisé par l'école implique, selon Teale et Sulzby (1986), les dispositions suivantes :

1. L'enseignement de la lecture doit débuter quand l'enfant a maîtrisé un ensemble d'habiletés de base préalables à la lecture. La maîtrise de ces habiletés laisserait augurer du succès en lecture.
2. Les préalables enseignés ne concernent que la lecture. On doit reporter l'enseignement de l'écriture (sauf la calligraphie) jusqu'à ce que l'enfant commence à lire.
3. L'enseignement de la lecture est basé sur la maîtrise séquentielle d'habiletés. Il porte essentiellement sur les aspects formels de la lecture, ignorant complètement l'aspect fonctionnel de celle-ci.
4. Tout enseignement préalable à l'enseignement formel est mal vu, voire même inacceptable. L'enseignement et la pratique doivent s'exercer selon des séquences logiques et uniquement en milieu scolaire.
5. Les enfants suivent tous les mêmes séquences d'apprentissage, leur progrès est hiérarchisé et doit être soigneusement contrôlé par une évaluation formelle.

Approche axée sur l'émergence de l'écrit

À partir des années 1960, on commence à douter de la pertinence du paradigme basé sur le concept d'« être prêt à lire », tant sur le plan théorique que sur le plan méthodologique. Ce n'est cependant que dix ans plus tard que commence une remise en question substantielle et concertée de cette approche.

Cette remise en question survient en raison du changement dans les objets et intérêts de recherche. De fait, on s'emploie à mettre en évidence l'aspect cognitif associé aux phénomènes de l'apprentissage et du développement. Il se précise également un intérêt marqué pour les premières années de la vie de l'enfant. On considère alors celui-ci comme un participant actif à son développement, comme un solutionneur de problèmes et non comme un récepteur passif de l'information. Ce sont d'abord les études sur le langage oral qui empruntent cette piste de réflexion plus globale sur le développement de la communication écrite du jeune enfant (Bruner, 1983).

De plus, les études se diversifient sur le plan méthodologique. On fait appel à de nouvelles techniques pour la récolte de données, privilégiant l'observation du jeune enfant dans des situations de vie réelles et dans des lieux plus naturels comme la maison et l'école. Pour interpréter les résultats, on utilise de plus en plus des analyses qualitatives des données sans pour autant négliger l'aspect quantitatif dans la mesure de son utilité.

Les résultats de l'ensemble des premières études sur le langage oral ont fait naître le doute quant à la valeur des principes soutenant le concept d'« être prêt à lire ». À la suite de ces travaux, on a donc amorcé de nombreuses recherches afin de comprendre les processus qui régissent les mécanismes de la lecture et de l'écriture. On commençait alors à s'apercevoir que certains enfants possédaient des connaissances sur la communication écrite bien avant leur entrée à l'école (Hall, 1987).

Les études longitudinales entreprises par Dolores Durkin (1966) sur le lecteur précoce, soit l'enfant sachant lire avant son entrée en première année, ont graduellement amené les chercheurs à élaborer des corpus de recherche sur la lecture et l'écriture du jeune enfant. Ces études se sont donc de plus en plus dissociées du paradigme de la maturation ainsi que de celui qui privilégie l'acquisition d'habiletés séquentielles et hiérarchisées comme préparation à la lecture. En France, ce sont les travaux de Rachel Cohen (1982) qui ont mené cette réflexion sur le lecteur précoce.

Des travaux de Durkin (1966) et de quelques autres (Goodman, 1967, 1980) se dégagent d'intéressantes observations : l'âge mental détermine davantage que l'âge chronologique la réussite en lecture; des enfants apprennent à lire avant d'atteindre l'âge de six ans; l'interaction de l'enfant avec l'écrit présent dans son environnement joue un rôle dans cet apprentissage; la famille du lecteur précoce sait répondre d'une façon informelle et spontanée aux questions et aux besoins de l'enfant concernant la lecture et l'écriture.

À la même époque, Clay (1967), professeure à l'Université d'Auckland en Nouvelle-Zélande, amorce des travaux où elle observe de très jeunes enfants. Elle veut décrire avec soin les comportements du lecteur débutant. Ses résultats démontrent que l'enfant très jeune manifeste des comportements et des attitudes reliés à l'acte de lire. En effet, les enfants observés sont sensibles aux formes des lettres et aux mots, ils perçoivent la direction appropriée d'un mouvement, ils se corrigent et manifestent une certaine capacité à comprendre le lien qui existe entre le mot dit et le mot écrit.

Dans les années 1970, Clay rejette le concept d'« être prêt à lire ». La parution en 1972 de son volume *Reading : The Patterning of Complex Behavior* marquera le mouvement de recherche qui suivra et qu'elle annonçait déjà en 1966 dans le titre de sa thèse de doctorat où figurait le terme « Emergent Literacy ». L'importance de ce volume tient à ce qu'il met en évidence le rôle de l'enfant dans son développement langagier et qu'il encourage les chercheurs et les praticiens à observer comment l'enfant utilise les livres. Il recommande aussi d'observer les comportements des enfants lorsqu'ils lisent ou écrivent, les actes de lire et d'écrire devant être pris dans un sens très large.

En 1975, Clay fera suivre ce livre d'un volume intitulé *What Did I Write ?* qui expose les divers principes selon lesquels il est possible d'observer comment l'enfant s'approprie un savoir sur l'écrit. Ces principes, au nombre de sept, sont la répétition, la dimension directionnelle, la flexibilité, le principe générateur, la capacité d'invention, l'utilisation du contraste et l'abréviation.

Pendant que Marie Clay menait ses recherches en Nouvelle-Zélande, Yetta Goodman (1980, 1981, 1983), en Arizona, essayait elle aussi de comprendre les divers mécanismes de lecture chez l'apprenti lecteur. Elle écrit : « Je commence à m'étonner de ce que nous pouvons découvrir sur l'émergence de la lecture et de l'écriture en étudiant les très jeunes enfants avant qu'ils soient engagés dans un processus formel d'apprentissage de la lecture.» Pour elle, la lecture commence dès que l'enfant devient conscient que l'imprimé dit quelque chose. Ainsi, l'enfant qui demande « Qu'est-ce que ça veut dire ? » devant un imprimé montre qu'il est conscient que l'imprimé, donc l'écrit, communique du sens. Selon Goodman, la lecture débute à ce point de conscience et n'implique donc pas nécessairement une connaissance alphabétique. C'est cette réflexion qui a conduit au concept de conscience de l'écrit. Ce concept peut se définir comme l'ensemble des connaissances sur l'écrit qu'un enfant possède avant de lire de façon conventionnelle (Giasson et Thériault, 1983).

Pour étudier la conscience de l'écrit, Goodman utilise les étiquettes, les affiches et les logos qui se retrouvent couramment dans l'environnement et elle les présente tantôt en contexte, tantôt hors contexte à des groupes d'enfants très jeunes (3 et 4 ans). Les résultats de ces études indiquent clairement que les mécanismes de la lecture s'installent et se manifestent très tôt dans la vie de l'enfant et que l'intérêt pour l'aspect fonctionnel de la lecture précède l'intérêt pour la forme.

À la recherche d'abord orientée vers le processus de l'acte de lire, est rapidement venue se greffer l'analyse de la production écrite de l'enfant, qui a démontré que ces deux processus s'activent de façon concomitante. Plusieurs auteurs (Clay, 1975; Read, 1970) ont cherché à comprendre ce que la production écrite de l'enfant pouvait nous dire sur la façon dont ce dernier s'approprie ce savoir. À cet égard, les études de Ferreiro (1977) et de Ferreiro et Teberosky (1982) ont été les plus prometteuses. Ces auteures considèrent que l'enfant voit l'écrit comme un objet de connaissance. Disciple de Piaget, Ferreiro adopte une perspective développementale. Par l'analyse des productions écrites des jeunes enfants, elle montre l'importance d'observer et de découvrir l'activité d'écriture propre à l'enfant, activité qui ressemble très peu à celle de l'adulte. Les questions qu'elle pose à ce sujet dénotent bien son intérêt pour la perception de l'enfant comme constructeur de son savoir. Elle se demande par exemple :

Comment l'enfant élabore-t-il son savoir sur la langue écrite ? Quels mécanismes l'enfant utilise-t-il pour s'approprier le système conventionnel de l'écrit ? Comment l'adulte lui permet-il d'utiliser la lecture et l'écriture pour penser et communiquer avec les autres ? Cette dernière interrogation remet en question l'adulte, qui décide ordinairement de l'information à donner à l'enfant de même que du temps à consacrer à cette tâche.

Ferreiro nous amène à considérer plus globalement le développement de la lecture et de l'écriture du jeune enfant. Elle définit la lecture comme la compétence pour interpréter de l'écrit, et l'écriture comme la compétence pour produire un message écrit.

Dans un prochain chapitre, nous verrons comment l'étude des productions écrites des jeunes enfants apportent des réponses pertinentes aux questions formulées par Ferreiro.

Les conclusions générales qui se dégagent des divers corpus de recherche depuis les années 1970 soulèvent de sérieux doutes à propos de la pertinence des principes qui sous-tendent le paradigme du « être prêt à lire » (Teale et Sulzby, 1986). Le concept d'émergence suggère plutôt, quant à lui, un processus dynamique, un état en devenir, et s'écarte donc de l'idée d'un moment spécifique, d'une période de temps nécessaire pour déclarer l'enfant prêt à amorcer l'écrit. Le lire-écrire repose davantage sur les interrelations que détermine le contact avec l'écrit (Pikulski, 1988). L'ensemble des travaux sur le langage oral et écrit réalisés depuis les années 1970 nous permettent d'avancer les propositions suivantes :

---

1. Le développement de l'écrit (lecture et production de messages) débute très tôt dans la vie de l'enfant.
2. La notion voulant que la lecture précède l'écriture, ou vice versa, repose sur une conception erronée du développement de la communication écrite. En fait, l'enfant se développe comme lecteur-scripteur, c'est-à-dire qu'il acquiert les

compétences en lecture et en écriture de façon concomitante selon un mode propre à lui et à la nature des stimuli du monde qui l'entoure.

3. Comme le langage oral et le langage écrit se développent dans des environnements réels par le biais des activités du quotidien, il apparaît que l'aspect fonctionnel de la communication forme une des bases de l'apprentissage de la lecture et de l'écriture.
4. L'enfant apprend le langage écrit par son engagement actif dans son monde environnant. On le retrouve, en effet, interagissant socialement avec les adultes et ses pairs dans des situations faisant appel à la lecture et à l'écriture.
5. Bien que l'apprentissage langagier puisse se décrire en termes de stades, chaque enfant traverse ces étapes de manière différente des autres enfants et pas nécessairement au même âge qu'eux. Il semble donc inapproprié d'imposer à tous les enfants la même catégorisation des activités et les mêmes séquences d'apprentissage.

On peut donc maintenant aborder le développement de l'écrit dans une perspective holistique ralliant les tenants d'une maternelle où l'enfant n'est pas initié à l'écrit et ceux qui, au contraire, préconisent une intervention propre à stimuler cette compétence. Le modèle axé sur l'émergence de l'écrit considère l'enfant comme responsable de la construction de son savoir et de son savoir-faire en écriture. De plus, il souligne le rôle important de l'écrit présent dans l'environnement de l'enfant.

Selon le paradigme mis de l'avant, le développement de l'écrit se situe dans un continuum et son ampleur est proportionnelle à la richesse des expériences de l'enfant ayant rapport à l'écrit.

0 ________________________________ 6 ans

Période de l'émergence de l'écrit

Comme l'indique le schéma ci-dessus, la période de l'émergence de l'écrit se situe entre la naissance et le moment où l'enfant lira et écrira d'une façon conventionnelle. Cette émergence se manifeste donc avant que l'enfant se trouve en situation d'enseignement formel (Teale, 1981).

LE CHEMINEMENT QUÉBÉCOIS

L'organisation d'un réseau de maternelles publiques au Québec date de 1960. Destiné aux enfants de quatre et cinq ans, le modèle éducatif adopté s'inspirait d'une philosophie d'influence européenne et américaine. La grande préoccupation était alors le développement intégral de l'enfant, dans un climat de détente, au moyen d'une pédagogie centrée sur le jeu. Les programmes se composaient d'activités de langage, d'art, de construction, de sciences humaines et de la nature, de chants, de musique et de motricité. Ils ne comportaient pas d'activités de lecture et d'écriture, celles-ci ne devant débuter qu'avec l'entrée en première année. En 1981, le ministère de l'Éducation du Québec (MÉQ) présente un programme d'éducation préscolaire davantage centré sur l'enfant. Ce dernier doit apprendre à se connaître, à connaître les autres et à interagir avec son environnement. Le programme met en évidence la capacité de l'enfant à se construire et à construire ses savoirs avec l'aide des autres et en interagissant avec les objets de son environnement. Bien que ce dernier mette tous les jours l'enfant en présence de l'écrit, le développement de cette compétence reste lent et minime. Pour beaucoup, les activités de lecture et d'écriture relèvent de l'enseignement formel. Certaines maternelles comptent toujours des adeptes de l'approche de la lecture axée sur la maturation. Encore dernièrement, de tels adeptes réitéraient l'idée qu'il faut « attendre ». Quand, malgré tout, on consent à présenter des activités reliées à l'écrit, on dit que c'est parce que l'enfant a fréquenté une garderie qui aurait dépassé son mandat ! Dans d'autres milieux, le souci de développer des habiletés de « readiness » pour préparer l'enfant à entrer en première année n'est pas entièrement aboli. Par ailleurs, on n'y établit plus de corrélation positive entre les activités motrices et le succès en lecture.

En ce qui a trait au développement de l'écrit chez le jeune enfant, la pratique éducative en milieu francophone québécois aura suivi un cheminement semblable à celui de nos voisins américains.

Depuis les années 1980, on peut noter, bien qu'ils soient minimes, des changements d'attitudes dans des classes maternelles. Ces changements sont la résultante de la recherche en éducation. Plusieurs reconnaissent que l'enfant arrive en classe avec un bagage d'expériences relatives à la lecture et à l'écriture, que la connaissance qui en découle est variée et différente pour chaque enfant. Au début des années 1980 donc, la littérature rend compte de recherches axées sur le concept de « conscience de l'écrit ». Ainsi, Giasson et Thériault (1983), s'inspirant des travaux de Clay (1972), de Goodman et Altwerger (1981) et de Mattingly (1972), donnent une définition de ce concept, font valoir les composantes reliées à la connaissance de l'écrit que l'enfant a acquise avant l'enseignement formel et proposent une façon d'évaluer cette conscience de l'écrit. À la même époque, le groupe de recherche sur l'acquisition de la lecture chez le lecteur précoce (GRALLP) amorce une série de recherches sur la lecture avant l'âge scolaire (Pierre et coll., 1983) dans le but « de mieux comprendre les mécanismes normaux d'apprentissage de la lecture indépendamment des méthodes pédagogiques ».

Cette étude révèle que la population des jeunes Québécois compte des lecteurs précoces. Selon Grandbois (1984), sur 5 075 enfants de la région de Québec issus de divers milieux socio-économiques et fréquentant une classe maternelle, on a dépisté 1 % d'enfants déjà lecteurs dont le niveau de lecture « s'étendait de la fin de première à la fin de la troisième année ». Ces résultats sont comparables à ceux obtenus dans des études antérieures réalisées au Canada anglais, en Angleterre ou aux États-Unis. Toujours selon Grandbois, les lecteurs précoces ont acquis cette compétence d'une façon informelle par l'interaction avec les personnes et l'écrit présent dans leur environnement; par ailleurs, la différence entre les sexes n'est pas significative.

Ces enfants s'intéressent à l'écrit et demandent à ce sujet de l'information que leurs parents leur donnent volontiers (Lachance, 1984). Giasson et coll. (1985) constatent que ce « développement se réalise donc dans un processus interactif et continu », soutenu par un milieu familial qui croit que l'habileté à interpréter de l'écrit et à produire de l'écrit n'est pas la seule responsabilité de l'école.

S'inspirant du test élaboré par Clay (1972), qui avait pour but d'évaluer les éléments reliés au langage écrit, Bélanger et Labrecque (1984), sous la responsabilité du GRALLP, ont élaboré et validé un outil de mesure de la conscience de l'écrit du jeune enfant. Cet outil, appelé *Instrument de mesure de la conscience de l'écrit* (IMCÉ), constitue le premier test de langue française adapté à des enfants de classe maternelle.

Selon Lacombe (1988), parmi les interventions positives de l'adulte, la lecture d'histoires semble jouer un rôle important. Réalisée en milieu familial, l'étude de cette auteure révèle que les mères adoptent des stratégies variées lorsqu'elles lisent des histoires à leurs enfants, et que certaines de ces stratégies sont utilisées par toutes les mères observées. En effet, toutes les mères « attirent l'attention, confirment, expliquent et pointent l'image ». Treize autres stratégies, dont les suivantes, ont été utilisées par plus de 70 % des mères : « font référence au vécu, posent des questions factuelles, des questions portant sur la connaissance, donnent des explications, pointent l'écrit... ». Par ailleurs, 60 % des mères font des corrections, font référence aux connaissances, posent des questions d'anticipation. La connaissance des stratégies utilisées par les mères lorsqu'elles font la lecture d'histoires pourrait sans doute profiter aux éducateurs de jeunes enfants en leur fournissant des modèles. Les travaux de Lacombe (1988) se situent dans le prolongement d'autres recherches qui reconnaissent que la lecture d'histoires joue un rôle important dans le développement de la motivation à lire et que la conscience de l'écrit passe un message significatif relié au vécu ou faisant appel à la fantaisie (Ninio et Bruner, 1978; Ninio, 1980; Murphy, 1978; Schickedanz, 1978; Snow et Goodfield, 1983; Teale, 1981; Morrow, 1988).

L'aspect fonctionnel de la communication orale et écrite a aussi fait l'objet de recherches québécoises. Par exemple, Goulette (1989), utilisant le modèle fonctionnel d'Halliday (1973), analyse des activités de langage en classe maternelle. Elle choisit d'observer les trois activités suivantes : la causerie, l'activité appelée « *show and tell* » chez les anglophones et l'activité dite expérimentale que l'auteure nomme « j'expose et je cause », où un enfant expose un thème à ses pairs (par exemple, il présente sa collection de coquillages, de gommes à effacer, ou raconte un voyage au Mexique). L'enfant responsable d'une activité anime et contrôle le discours des autres enfants. L'étude devait, entre autres, vérifier laquelle des activités ferait ressortir le plus grand éventail de fonctions langagières. Il appert qu'on observe des fonctions de la communication plus nombreuses et plus variées lorsque l'enfant, plutôt que l'enseignante, est responsable de l'activité. Les travaux de Girard (1983) et de Giasson et Girard (1988) sur l'évaluation d'activités de la communication écrite basée sur les fonctions d'Halliday s'avèrent également utiles pour qui veut observer des enfants et organiser des activités d'écriture.

Deux études inspirées des travaux de Ferreiro montrent que des enfants de maternelle (Lapointe, 1989) et de première année (Lavoie, 1989) se comportent comme les enfants des études citées, en ce qui a trait au développement de l'écrit dans la production de mots de une à quatre syllabes, dans la production de phrases, dans l'écriture et l'analyse des parties de leur prénom. La recherche d'Ortiz (1992), s'appuyant également sur le modèle de Ferreiro, décrit les paramètres observés dans les productions écrites d'enfants de première année issus de milieux défavorisés. Cette étude avait pour but de créer un outil d'évaluation permettant de suivre l'évolution de la compétence écrite des élèves.

Plusieurs autres travaux sur la lecture et l'écriture de l'enfant d'âge préscolaire ont été réalisés au Québec depuis les années 1980. En effet, un relevé effectué dans les universités francophones du Québec pour les années 1980 à 1992 dénombre six thèses de doctorat et vingt-cinq mémoires de maîtrise ayant cette problématique comme objet d'étude et se fondant sur des théories relatives à l'aspect développemental de la connaissance. Il faut également mentionner la publication dans des revues scientifiques de plusieurs articles sur le développement de l'écrit du jeune enfant. (Bélanger et coll., 1987; Boudreau (Éd.), 1993; Cloutier et coll., 1989; Giasson et coll., 1985; Giasson et Girard, 1988; Girard, 1989, 1992; Pierre et coll., 1983; Pierre et Lachance, 1985; Martinez, 1993; Tardif, 1986; Thériault, 1993.) S'ajoutent aussi à ces recherches un certain nombre d'articles, publiés dans des revues pédagogiques davantage orientées vers la pratique éducative en classe maternelle.

Par ailleurs, le programme des quatre derniers congrès de l'Association d'éducation préscolaire du Québec (AÉPQ) a proposé aux participantes, éducatrices dans les classes de maternelles et les garderies, des communications et des ateliers sur le lire-écrire de l'enfant. Sans pouvoir les dénombrer, mentionnons aussi que les communications présentées par des chercheurs ou leurs étudiantes à des congrès scientifiques au Québec et à l'étranger sont nombreuses. Voilà qui dénote un souci réel du monde de l'éducation pour l'initiation du jeune enfant à l'écrit.

Malgré les efforts déployés depuis plus de dix ans dans la recherche et la pratique éducative, une partie du milieu scolaire hésite encore à changer ses attitudes, à voir l'écrit comme un objet de connaissance que l'enfant commence à construire dès sa naissance dans son milieu familial et communautaire en interagissant avec l'écrit présent partout dans son environnement (lettres reçues à la maison, écrits figurant sur tous les objets de consommation, livres, revues, magazines, feuillets publicitaires, etc.).

Deux raisons évidentes expliquent cette hésitation. Citons en premier lieu l'absence d'une mise à jour des connaissances de certaines praticiennes sur le « comment l'enfant s'apprend à lire et à écrire », ou le manque de réflexion critique devant assurer un lien entre la théorie et la pratique éducative. Seul un minimum de connaissances théoriques et d'observation critique permet de comprendre comment l'enfant construit sa connaissance pour faire sien le système d'écriture et d'admettre que la logique de l'enfant dans cette élaboration est différente de celle de l'adulte. La deuxième raison est d'ordre politique, en ce qu'elle a trait aux exigences de nos structures scolaires. En effet, la praticienne a besoin du soutien de ces structures pour entreprendre un changement de sa philosophie et de ses pratiques quant au développement de l'écrit dans l'ensemble du développement de l'enfant. Or, cette conception de l'écrit occupe une place minime dans le programme d'éducation préscolaire. En effet, ce programme et les guides qui l'accompagnent n'y consacrent que huit pages dans le cahier traitant du langage oral (MÉQ, *Le langage au préscolaire,* 1982).

L'absence d'un appui solide des structures scolaires freine la diffusion des nouvelles recherches sur le concept « d'émergence de l'écrit du jeune enfant » et paralyse souvent d'heureuses initiatives dans lesquelles certaines enseignantes aimeraient s'engager. Faute d'une position claire du ministère à propos du concept d'émergence, le débat sur la place de l'écrit en classe maternelle demeure toujours actuel. Si l'écrit a sa place à la maternelle, encore faut-il savoir pourquoi et comment traiter cette connaissance (Thériault, 1991).

Les prochains chapitres tenteront d'éclairer la compréhension des assises et des manifestations du concept d'émergence de l'écrit et suggéreront des moyens à utiliser en classe de maternelle pour favoriser le développement de la lecture et de l'écriture.

Chapitre 2

Le processus d'émergence de l'écrit conventionnel chez l'enfant

Vu dans une perspective développementale, le concept « d'émergence de l'écrit » suppose que l'apprentissage de la lecture et de l'écriture ne débute pas à l'école, et que l'école n'est pas le principal acteur de cet apprentissage. Bien avant de fréquenter un établissement scolaire, l'enfant accumule des connaissances fort utiles qui démontrent sa capacité à interpréter un écrit ou à produire un message écrit (Anderson, Hiebert, Scott, Wilkinson, 1985).

L'émergence de l'écrit repose sur un ensemble de connaissances et d'habiletés reliées à la communication écrite qui se manifestent tôt dans la vie de l'enfant. Selon ce concept, les connaissances acquises différeront d'un enfant à l'autre puisque l'émergence se produit par l'interaction de l'enfant avec l'écrit de son environnement et avec des adultes aidants, lesquels diffèrent pour chaque enfant.

Si l'on accepte le concept d'émergence, on considérera le développement et l'apprentissage de la lecture et de l'écriture du point de vue de l'enfant, qui ne s'apparente pas nécessairement à celui de l'adulte quant aux conventions sociales de l'écrit et quant aux façons traditionnelles d'apprendre et d'enseigner la lecture.

Les récentes recherches indiquent qu'il existe une relation dynamique entre l'apprentissage de la lecture et celui de l'écriture, chacun influençant l'autre dans son développement (Ferreiro,

1977, 1983, 1985, 1988, 1990a ; Ferreiro et Teberosky, 1982; Clay, 1972; Goodman, 1983, 1986, 1990; Morrow, 1989, 1993; Strickland, 1990). En effet, parce que lecture et écriture sont des aspects du langage écrit, elles se développent parallèlement et d'une façon interreliée. L'approche séquentielle utilisée jusqu'à tout récemment ne concorde plus avec la recherche actuelle qui montre le lien réel entre l'acquisition de ces deux habiletés. On notera que ce sont les travaux sur l'écriture des jeunes enfants qui ont amené les chercheurs à revoir une partie des opinions courantes sur la lecture (Teale et Sulzby, 1986).

Parler du développement de l'écrit oblige donc à considérer les deux processus, la lecture et l'écriture. L'observation d'activités de « production » (écrire un message) et « d'interprétation » (lire) exercées de façon intégrée nous aide à comprendre l'évolution de la pensée de l'enfant à propos de la nature du système d'écriture conventionnel (Ferreiro, 1990a) et à percevoir comment l'enfant échafaude (de : *scaffolding*) sa théorie du monde relativement à l'écrit (Bruner, 1983; Vygotsky, 1978). Cette observation nous conduit également à l'élaboration d'une théorie sur la « compétence » de l'enfant plutôt que sur sa « performance » (Ferreiro, 1990a). On devra tenir compte de cette distinction importante lorsqu'il s'agira de réfléchir au sujet d'une pratique éducative favorisant l'émergence de l'écrit entre 0 et 6 ans et d'évaluer cette pratique.

Signalons que les recherches qui nous fournissent des données sur le paradigme de l'« émergence » ont été réalisées dans la famille, les garderies et les classes maternelles auprès d'enfants dont l'âge se situe entre quatorze mois et six ans.

Dans le présent chapitre, nous essaierons de regrouper et d'organiser les connaissances actuelles sur le développement de l'écrit, sur la façon dont les enfants s'apprennent à lire et à écrire (Besse, 1988), afin d'orienter la pratique éducative en classe maternelle.

Portrait d'un enfant chez qui émerge un savoir sur l'écrit

Très tôt, l'enfant manifeste des comportements reliés à la lecture et à l'écriture. Dans de nombreuses familles, dès les premiers mois de sa vie, l'enfant est en contact avec l'écrit. On n'a qu'à penser à l'adulte (père ou mère) qui lui montre une image, lui donne un de ces petits livres en plastique qu'il peut porter à sa bouche ou mettre dans son bain, lui lit des histoires, lui montre du doigt le mot « céréales » en disant :

« Tu vois, c'est écrit “ céréales ”, humm que c'est bon ! », lui donne des blocs où figurent les lettres de l'alphabet, lui lit la lettre que grand-maman a écrite, cherche un numéro de téléphone en l'intéressant à cette activité, etc. C'est par ce contact diversifié avec l'écrit de son environnement que l'enfant découvre l'aspect fonctionnel de la communication écrite et qu'il développe un intérêt, une curiosité et une motivation pour l'écrit.

L'observation de cette interaction de l'enfant avec l'écrit de son environnement permet de percevoir l'émergence des comportements liés à la lecture et à l'écriture dont voici des exemples :

Josée (4 ans) écrit M et dit qu'elle a écrit le nom de son amie Marise.

Alexandre (3 ans) écrit une lettre à son papa et ce gribouillis signifie :

Papa, je t'aime
je joue avec Simon.

Nathaniel a reçu un petit livre intitulé Chez Mimi souris[1]. *Ce livre présente une amusante particularité : chaque page est percée d'un trou qui permet à une marionnette d'un doigt, Mimi, de se faufiler à l'intérieur de la page. Fidèles à leur rituel, les parents de Nathaniel lisent chaque soir le livre à l'enfant avant de le mettre au lit. À onze mois, Nathaniel va chercher son livre, tourne les pages, met son doigt dans la marionnette, gazouille sur un ton particulier à chaque page, écoute ses parents lire l'histoire, montre Mimi du doigt quand on le lui demande. Les parents perçoivent que Nathaniel sait quand la lecture est terminée. Graduellement, cet enfant adopte et construit des comportements de lecteur, il apprend à utiliser un livre et probablement à aimer la lecture.*

Et quand l'enfant demande « Qu'est-ce qui est écrit ? » ou « Qu'est-ce que ça veut dire ? », il nous indique qu'il sait que l'écrit communique quelque chose, qu'il est dorénavant dans un processus actif de recherche de sens, qu'il reconnaît une différence entre lire et écrire et qu'il comprend que l'écrit peut remplir des fonctions différentes. C'est en dehors de l'école, en fait, que l'enfant se familiarise peu à peu avec les dimensions culturelle et sociale de l'acte de lecture-écriture.

Par ailleurs, l'observation et l'analyse de productions d'écrits montrent que l'enfant ne prend conscience que graduellement des caractéristiques formelles du langage écrit, du lien qui existe entre l'oral et l'écrit. L'enfant ébauche donc une série d'idées et de postulats provisoires avant de comprendre notre système d'écriture.

L'éducateur et tout adulte qui adhèrent au concept d'émergence de l'écrit doivent adopter des attitudes qui respectent la façon dont l'enfant s'approprie le monde de l'écrit. Ils peuvent d'ailleurs s'appuyer sur des certitudes maintenant établies par la recherche.

1. *Chez Mimi souris : avec une marionnette pour ton doigt.* Collection Mains Habiles.

1. L'enfant a des connaissances sur la lecture et l'écriture quand il arrive à la maternelle.

2. Ces connaissances sont différentes pour chaque enfant.

3. Il faut du temps et des expériences variées pour que l'enfant comprenne la structure de notre système d'écriture.

4. Le développement de l'écrit s'effectue dans un contexte social, et bénéficie de l'influence des interactions avec les autres et avec l'environnement physique.

5. La lecture et l'écriture se développent en même temps et ces deux processus ne doivent pas être enseignés isolément.

Comme maman... (Nathaniel, 6 mois)

CE QUE LA RECHERCHE NOUS A APPRIS

Que nous a donc appris la recherche ? Les études sur la communication orale et écrite ont tout d'abord fait ressortir l'importance d'observer les comportements de l'enfant pour mieux comprendre comment il s'y prend pour construire ses divers savoirs et développer ses habiletés. Ces observations ne se font plus nécessairement en laboratoire; on les effectue maintenant davantage dans le milieu naturel de l'enfant, soit à la maison, sur un terrain de jeux, à la garderie ou dans une salle de classe. Il s'avère pertinent pour un éducateur de savoir observer des enfants et de savoir utiliser les résultats des recherches pour mieux orienter sa pratique éducative.

Le développement de l'écrit débute avant l'entrée à l'école

Répétons-le : c'est dans la famille que débute l'apprentissage de l'écrit. L'école, contrairement à ce que certains voudraient bien croire encore, ne détient pas le monopole du développement de l'écrit chez le jeune enfant. Dans le monde actuel, avec la circulation rapide d'une information abondante, il est illusoire de penser que l'enfant arrive à l'école dénué de toute connaissance relative à la lecture et à l'écriture.

L'enfant de quatre, cinq ou six ans possède donc un bagage d'expériences diversifiées que l'école ne peut plus ignorer. En se conformant à un programme d'enseignement qui ne tient pas compte de ce bagage, l'éducateur risque de retarder l'enfant dans son évolution.

Les parents de lecteurs précoces, en répondant simplement aux besoins et aux questions de leurs enfants, les amènent à expérimenter, à s'interroger et à parler à propos de l'écrit présent dans l'environnement (Durkin, 1966; Giasson et coll., 1985; Lachance, 1984). L'éducateur en classe de maternelle devrait donc privilégier une approche informelle semblable à celle des parents, de manière à favoriser une continuité dans l'apprentissage.

Le fait que l'enfant possède de l'information sur l'écrit non transmise par l'école ou qu'il soit un lecteur précoce ne devrait plus susciter des commentaires aussi déplorables que celui d'une enseignante de première année lors d'une réunion (septembre 1992) de parents d'élèves : « Cette année, dans ma classe, j'ai un enfant qui sait lire et j'avoue que ça me dérange. »

Par contre, devant l'enfant qui a peu reçu de son milieu familial, l'école devra assumer une autre responsabilité : lui fournir les stimuli nécessaires pour qu'il prenne rapidement conscience qu'il peut apprendre à lire, que l'acte de lire-écrire est important dans la vie de tous les jours, que la lecture comporte une dimension plaisante et amusante et qu'il peut, lui aussi, s'approprier cette compétence.

L'écrit de l'environnement : outil d'apprentissage

Les chercheurs qui se sont intéressés à l'enfant en interaction avec l'écrit (Read, 1970; Clay, 1975; Goodman, 1983, 1984, 1986; Ferreiro, 1983, 1986, 1990a; Teale et Sulzby, 1986; Strickland et Morrow, 1988a) ont démontré que l'enfant devient conscient que l'écrit communique quelque chose à mesure qu'augmente son interaction avec l'écrit de son environnement. Comme le signale Yetta Goodman (1983), la lecture n'est pas alphabétique au début, et en voyant :

Kellogg's	l'enfant dira que c'est écrit	**CÉRÉALES**
Crest	l'enfant dira que c'est écrit	**PÂTE À DENTS**
M	l'enfant dira que c'est écrit	**McDONALD'S**

Comme l'exemple le montre, l'enfant répond par le nom si celui-ci lui est familier, ou par la catégorie, même s'il peut nommer plusieurs lettres. L'écrit de l'environnement lui fournit beaucoup d'occasions d'interaction, à nous de les susciter et de les soutenir.

L'écrit de l'environnement se réfère d'abord aux étiquettes, affiches, circulaires, journaux, magazines, revues, modes d'emploi, posologies, cartons et papiers d'emballage qui abondent dans notre quotidien. Attirer l'attention ou répondre aux questions à propos de ce matériel favorise l'émergence et confirme que ces « objets » communiquent, disent quelque chose. L'enfant apprend que l'écrit qu'il observe est porteur de sens. Toutes les situations interactives avec l'écrit de l'environnement le familiarisent avec la structure du système d'écriture. De plus, l'enfant qui voit comment son père, sa mère, ses sœurs, ses frères et ses autres parents agissent avec l'écrit, les imite et construit ainsi ses comportements de lecteur.

L'écrit de l'environnement !... c'est ce qu'on retrouve dans le milieu familial, c'est aussi l'écrit que l'on rencontre au centre commercial, chez le cordonnier, le coiffeur, le médecin, au centre récréatif, à la bibliothèque municipale, au cinéma, à la télévision, sur les devantures de magasins, etc.

Les parents de lecteurs précoces, outre qu'ils répondent à l'intérêt que manifestent leurs enfants pour comprendre le sens de ce qu'ils lisent, savent intégrer ces derniers aux activités de la vie familiale reliées à l'écrit : préparer la liste d'épicerie ensemble, lire à haute voix la lettre reçue pour l'anniversaire, chercher devant et avec l'enfant le numéro de téléphone d'un parent ou ami, lire des histoires à l'enfant, insister sur certains mots, faire des liens entre le texte et l'illustration, demander à l'enfant de lire.

C'est donc ainsi que, graduellement, l'enfant acquiert des connaissances spécifiques sur le langage écrit avant son entrée à l'école. Ces premières connaissances sur l'écrit découlent de l'ensemble des expériences qu'il vit dans le monde qui l'entoure.

Plus il aura de possibilités de vivre des expériences variées et d'en parler, plus son intérêt grandira et plus grandes seront ses chances de succès en lecture et en écriture.

L'accès à une variété d'expériences n'est toutefois pas la seule variable qui contribue au développement de l'émergence de l'écrit. La façon dont les parents parlent à leur enfant de ces expériences a une influence sur la structuration de sa pensée, sur l'acquisition de concepts et de mots qui l'aident à bâtir les hypothèses qu'il utilisera plus tard dans des situations de lecture et d'écriture. De plus, c'est par ce contact avec l'écrit varié et diversifié que s'élabore la dimension fonctionnelle de la communication écrite.

L'aspect fonctionnel de l'écrit : amorce de l'apprentissage

Avant même de savoir lire, l'enfant acquiert des connaissances spécifiques sur les diverses fonctions du matériel écrit. On lit le journal local pour s'informer d'un spectacle ou d'une activité sportive, on consulte l'annuaire du téléphone pour avoir une adresse ou un numéro de téléphone. L'écrit d'un livre de recettes poursuit un objectif différent de celui d'une lettre. Lire l'étiquette d'un vêtement donne une information différente que celle que l'on trouve dans la lecture d'une histoire, etc.

La communication écrite, comme la communication orale, remplit des fonctions diversifiées et c'est par une interaction avec un matériel varié que l'enfant rentre dans le monde de l'écrit et s'imprègne de l'existence de ces fonctions.

Dans une étude portant sur le développement des fonctions de l'écrit à la maternelle, Giasson et Girard (1988) soulignent les composantes de l'environnement nécessaires au développement de la conscience des fonctions de l'écrit, ce sont : un modèle d'adulte à observer, une interaction adulte-enfant, et l'exploration par l'enfant.

Un modèle d'adulte à observer

L'enfant a besoin de voir et d'entendre un adulte qui lit, réagit et explique verbalement à quoi lui sert l'écrit. Ce discours verbal sur l'écrit est d'autant plus nécessaire que la lecture étant la plupart du temps un acte silencieux, elle ne permet pas à l'enfant de déceler facilement les fonctions qu'elle remplit.

Une interaction adulte-enfant

L'enfant a besoin de voir un adulte agissant avec l'écrit, mais il a aussi besoin de pouvoir questionner et de recevoir des réponses à ses interrogations sur la lecture-écriture. Le concept de « conscience des fonctions de l'écrit » s'échafaude graduellement par l'action de l'adulte qui s'associe à la démarche de l'enfant pour comprendre...

Une ouverture à l'exploration

Nous l'avons déjà souligné, le milieu doit offrir un environnement de qualité, riche en écrit, qui permette à l'enfant d'observer, de comparer, de se questionner, de produire. L'exploration du matériel écrit se situe dans une approche pédagogique qui traduit l'aspect informel et naturel de l'apprentissage de la lecture-écriture. Et c'est cette forme de pédagogie qui assure le développement de l'émergence de l'écrit du jeune enfant, et y contribue.

En plus de bien connaître et de savoir utiliser les composantes de l'environnement qui favorisent le développement de la conscience de l'écrit, il est pertinent d'appuyer le choix de situations concrètes sur un modèle théorique qui mette en évidence la diversité des usages que l'écrit peut revêtir dans la vie quotidienne. Halliday (1973) offre un modèle de développement de la communication orale et écrite axé sur sept fonctions. Ces fonctions sont : instrumentale, régulatrice, interlocutionnelle, personnelle, heuristique, imaginative, et informative. Ces diverses fonctions désignent les intentions de la communication de l'enfant (Giasson et Girard, 1988). On peut exprimer ce modèle sociolinguistique comme l'indique le tableau 1 :

Tableau 1
Les fonctions de la communication selon Halliday

Fonction	Manifestation	Intention
1. Instrumentale	« Je veux »	sert à satisfaire les besoins
2. Régulatrice	« Fais cela »	sert à contrôler les comportements
3. Interlocutionnelle	« Je t'aime »	sert à entrer en relation avec les autres
4. Personnelle	« Me voici »	sert à se définir, à exprimer ses sentiments
5. Heuristique	« Qu'est-ce que c'est »	sert à découvrir, à explorer, à connaître
6. Imaginative	« Faisons semblant »	sert à créer un univers de fiction
7. Informative	« Comment est-ce »	sert à s'informer

Tiré de : GIRARD, N. (1985), « La lecture et l'écriture fonctionnelles au préscolaire », *Liaisons*, p. 21.

Le modèle de Halliday sert d'appui significatif pour préparer des activités centrées sur les fonctions de la communication écrite. Morrow (1993) préconise toujours ce modèle théorique pour structurer des activités et des expériences liées au langage écrit et au langage oral.

En analysant les résultats de l'expérience citée plus haut, Giasson et Girard (1988) concluent en disant : « ... cette expérience a montré que si les enfants de maternelle évoluent dans leur conception des fonctions de l'écrit au cours de l'année, cette évolution peut être accélérée par des activités non scolarisantes, intégrées à la vie de la classe et ancrées dans une démarche pédagogique tenant compte du développement naturel de l'enfant ».

Les trois composantes de l'environnement, mentionnées précédemment, et reliées spécifiquement aux fonctions de la communication écrite, sont des données de recherche importantes à opérationnaliser pour créer des activités où l'écrit fonctionnel, l'écrit d'usage, sera de plus en plus présent dans la classe de maternelle.

Comment l'enfant s'approprie la structure de notre système d'écriture

Avoir une attitude positive face à l'enfant qui possède des connaissances sur la lecture et l'écriture, penser dorénavant à développer ces deux compétences d'une façon intégrée et dans un climat naturel et informel, savoir utiliser l'écrit de l'environnement dans cette recherche de sens qui intéresse l'enfant, le sensibiliser à l'écrit fonctionnel : ce ne sont pas les seuls facteurs que la recherche a mis de l'avant pour nous aider à comprendre comment l'enfant élabore son savoir relié à sa capacité d'interpréter ou de lire un message et sa capacité à produire un message, un écrit.

Durant ce cheminement de conquête vers la compréhension de l'écrit conventionnel, des conflits se présentent à l'enfant et il est intéressant d'observer de quelle façon il s'y prend pour résoudre ces problèmes. Des données nous ont été révélées par les travaux de Durkin (1966), de Clay (1975), de Goodman (1990), de Teale et Sulzby (1986). Sans négliger l'influence majeure des recherches de ces pionniers, nous allons nous concentrer sur les travaux de Ferreiro (1977, 1978, 1984, 1992) et de Ferreiro et Gomez-Palacio (1988) pour essayer de comprendre comment l'enfant s'apprend à lire et à écrire.

Comme le signalent Besse et coll. (1988), parmi les chercheurs, Emelia Ferreiro est celle qui, depuis quelques années, offre quelque chose de nouveau, et j'ajoute d'original, sur le développement de l'écrit du jeune enfant. Elle étudie la psychogenèse du lire et de l'écrire afin de comprendre l'évolution des systèmes d'idées édifiés par l'enfant sur la nature de cet objet social qu'est notre système d'écriture.

Ferreiro émet l'hypothèse que, pour comprendre notre système d'écriture, l'enfant doit le restructurer intérieurement et transformer les informations reçues (Lavoie, 1989). Elle se demande comment l'enfant lit quand il ne sait pas encore lire et comment il s'y prend pour produire de l'écrit quand il ne sait pas encore utiliser notre système d'écriture alphabétique.

Pour édifier ce savoir, l'enfant passerait par différents stades. Regardons donc comment il aborde la lecture, ce qu'il voit dans un écrit, et comment il évolue sur le plan conceptuel pour produire un écrit qui traduit sa compréhension de notre système d'écriture.

Comment l'enfant aborde la lecture

Le contexte joue un rôle dans l'apparition des premiers comportements de lecture. L'enfant sait très jeune que dans un livre, par exemple, il y a une image, une photo, une illustration, et quelque chose d'autre; que sur les affiches figurent des dessins et des signes, mais il a de la difficulté à différencier l'image du texte. L'écrit observé ne correspond pas nécessairement à la réalité. Pour comprendre comment l'enfant aborde la lecture, il faut se demander s'il existe pour lui une relation entre l'illustration et l'imprimé, et comment il interprète cette relation.

Au départ, l'enfant doit donc faire face au problème que lui cause la différence entre l'image et l'imprimé. Selon les travaux de Ferreiro et Teberosky (1982), ce processus de différenciation se développe à travers les trois étapes suivantes :

Dans un premier temps, l'image et le texte sont vus comme deux représentations qui peuvent se retrouver dans un même espace physique, ils ne sont pas différenciés. L'image et l'imprimé constituent une unité que l'enfant ne peut encore séparer. Par exemple, vous lui dites : « Montre-moi quelque chose à lire », et il indiquera l'illustration. Désignez le texte, et dites : « Qu'est-ce que tu penses que c'est ? », il répondra : « Un ballon. » On voit donc que le texte, pour l'enfant, découle de l'image. Il semble donc exister une certaine relation entre l'imprimé et l'image. À cette étape, l'enfant lit indifféremment l'image et le texte, mais il est déjà conscient que quelque chose est dit et que ce quelque chose est représenté.

La deuxième étape voit apparaître la progression de différenciation entre l'image et l'imprimé. L'enfant identifie le texte comme étant le nom de l'objet illustré. Il y a donc un lien entre les deux, mais les deux représentations sont différentes, bien que vues globalement. Toutes les parties de l'illustration donnent un sens au texte et le texte est traité comme un tout et le nom de l'objet est attribué au texte dans son entier. Il y a donc progrès sur l'étape précédente puisque l'enfant ne confond plus l'écrit avec l'image.

Dans un troisième temps, les propriétés graphiques du texte continuent d'émerger et l'illustration sert d'indice à la prévision du texte. L'enfant assume toujours que le texte représente un mot ou une phrase, mais on voit apparaître ici et là une relation entre différents éléments du texte et différentes parties de l'illustration.

Enfin, l'enfant en arrive à un niveau de conceptualisation qui lui permet de trouver une correspondance entre les segments graphiques et les sons; il peut donc associer des éléments parlés aux éléments graphiques.

Les idées que l'enfant se fait sur l'écrit

Lorsqu'on questionne l'enfant sur ce que peut représenter une phrase écrite, on constate que là aussi, il passe par des étapes qui sont la conséquence d'une progression psychogénétique. Par exemple, un premier niveau se caractérise par trois types de réponses : a) une façon vague, erratique et souvent contradictoire (DeVries et Kohlberg, 1987) de pointer le mot écrit en se référant soit à la phrase globale, soit à ses parties; b) l'attribution de la phrase globale à une partie ou à un mot; à ce stade, la phrase est vue dans son entité totale; c) dans la dernière étape, l'enfant considère que seuls les noms sont représentés dans la phrase. Le verbe, c'est une action qui se vit, il n'est pas nécessairement écrit.

Progressivement, la reconnaissance de la place du nom dans la phrase se stabilise et fait apparaître un deuxième niveau de conceptualisation : l'enfant accepte que le verbe soit écrit. Lorsqu'il reconnaît la présence du verbe et du nom et qu'il peut les localiser, il est devant un autre problème, celui de reconnaître les articles comme faisant partie de la phrase. Nous le verrons plus loin, un article comprend peu de lettres; l'enfant résout alors son problème en l'intégrant au nom ou en l'ignorant. Dans une dernière étape, il comprend la relation entre l'oral et l'écrit. Alors, pour lui, tout ce qui est dit s'écrit, y compris les articles.

Dans l'étude de Ferreiro et Teberosky (1982) seulement 8 % des enfants de cinq ans et 13 % de ceux de six ans étaient capables de donner des réponses correctes à la représentation et à l'ordre de représentation des éléments qui constituent une phrase simple : nom, verbe et article. L'enfant a donc besoin de temps et d'expériences pour intégrer ce qu'un écrit représente et s'en faire une idée.

L'évolution de la production écrite de l'enfant

L'évolution dans sa production écrite, qui démontre la compréhension que l'enfant se crée de la structure de notre système d'écriture, est aussi marquée par des étapes ou stades. Dans ses premiers textes, Ferreiro parlait de quatre stades qu'elle nommait présyllabique, syllabique, syllabico-alphabétique et alphabétique. Aujourd'hui, elle présente le développement de ces stades à l'intérieur de deux périodes. La première regroupe les connaissances qui se manifestent avant que l'enfant ne prenne conscience de la phonétisation de la représentation écrite; la seconde période, marquée par la conscience de l'aspect phonétique de la langue, montre alors un enfant qui utilise des hypothèses différentes pour résoudre les problèmes du système d'écriture.

À quoi l'enfant est-il donc confronté dans cette conquête, et comment manifeste-t-il sa connaissance quand il produit de l'écrit ?

a) La distinction entre le dessin et l'écrit

Quand il écrit son nom, des histoires ou des messages, l'enfant doit, dans un premier temps, résoudre le problème de la distinction à faire entre le dessin et l'écrit, comme il le fait entre l'image et le texte lorsqu'il lit ou essaie d'interpréter l'écrit.

Très tôt, il est confronté au problème d'établir et de montrer qu'il y a une différence entre la représentation d'un objet, d'une image, et la représentation d'un écrit qui semble dire quelque chose.

Or durant cette période, l'enfant travaille à trouver les indices qui l'amèneront à différencier les marques graphiques et à se rendre compte qu'il est en face de deux modes de représentation : une représentation iconique (dessin) et une représentation symbolique. Il remarque que les deux représentations utilisent des lignes droites, des lignes courbes et des points, que ces lignes sont quelquefois ouvertes et quelquefois fermées. Il doit alors délimiter la frontière entre le dessin et l'écrit.

Graduellement, il réalise qu'il y a une forme d'organisation différente de ces lignes. Quand il dessine, les lignes sont organisées pour former le contour de l'objet et elles le sont différemment quand il écrit. La forme des lettres n'a rien à voir avec celle de l'objet; les lettres deviennent des référents par elles-mêmes et leur organisation ne ressemble pas à la mise en place des parties d'un objet.

Dans ses efforts de différenciation apparaissent deux principes qui orientent sa pensée : **l'écrit présente des formes arbitraires,** sans aucun lien avec des objets réels, et les lignes utilisées pour représenter l'écrit sont **organisées d'une façon linéaire** et ont des formes standardisées. Il semble qu'à trois ans la majorité des enfants interprètent et produisent des représentations différentes pour le dessin et l'écrit. Cette écriture inventée ne manifeste aucun lien entre ce que l'enfant entend et ce qu'il écrit. La feuille balise ordinairement le début et la fin de sa production et son écriture spontanée est formée de gribouillis ou de pseudo-lettres. Les illustrations suivantes démontrent ces deux principes.

Dessin A, enfant de trois ans

Dessin B, enfant de quatre ans

Dessin C, enfant de cinq ans

Le dessin A, réalisé par un enfant de trois ans, indique bien la présence des deux principes dans ce gribouillis: un gribouillis-objet et un gribouillis orienté vers la production de pseudo-lettres. Dans le dessin B, la démarcation entre les deux modes de représentation est plus évidente, cet enfant a quatre ans. Réalisé au début de séjour en classe de maternelle, le dessin C d'un enfant de cinq ans permet d'observer une évolution dans cette compréhension des deux systèmes de représentation; le soleil et la maison présentent des formes bien définies, les lettres sont organisées et le principe de linéarité est également illustré. L'ensemble des lettres écrites veut dire :

IL	**T**		**FAL**		**PC**	**MCO**
Il	était	(une)	fois	(une)	petite	maison

b) La lisibilité d'un texte pour l'enfant

Après avoir assimilé la différence entre les deux modes de représentation graphique, l'enfant cherche maintenant comment ils sont apparentés. La relation qui existe entre l'illustration et le texte soit dans un livre d'histoire, soit dans son environnement, soit dans ses productions personnelles, pose un nouveau problème. Il le résout de la façon suivante : comme il sait que les signes écrits se situent à l'extérieur de la représentation de l'objet, il essaie de trouver comment l'écrit va représenter, va nommer l'objet. Comme, au départ, il considère que seuls les noms sont écrits, il se demande alors comment les lettres sont organisées pour être lisibles.

De ce point de vue, le problème relève des aspects quantitatif et qualitatif de notre système d'écriture et l'enfant le résoudra en s'inspirant de ces deux éléments. Sur le plan quantitatif, l'enfant décide que, pour être lisible, un mot doit contenir un minimum de lettres. Selon ce principe de quantité minimum, il semble que la majorité des enfants exige la présence de trois lettres pour qu'un mot signifie quelque chose. Si, de plus, ces trois lettres sont dans un ordre linéaire, l'enfant est alors certain qu'on y a écrit le nom de l'objet, de l'animal ou de la personne. À ce stade, l'enfant accepte d'utiliser le même répertoire pour identifier des noms différents.

AEI = chien AEI = cheval	Écriture produite à partir du principe de la quantité minimum.

Par la suite, il est intéressant de noter que cette condition quantitative ne semble plus suffire pour que l'enfant ait une bonne représentation du mot. Une condition qualitative s'ajoute à celle-ci : les lettres doivent être différentes, d'où le principe de variation qualitative interne. Si une pièce d'écriture est toujours constituée des mêmes lettres, l'enfant la rejette. Cette prise de contrôle progressive de ces deux principes conduit l'enfant à édifier des variantes entre les divers écrits. Il considère et met des différences dans sa chaîne écrite et il justifie ces variantes dans son interprétation, ce qui augmente son niveau de satisfaction.

Dans un premier temps, il représentait deux mots par les mêmes graphèmes et il leur donnait des noms différents. À mesure qu'il avance dans la construction de ce savoir, il cherche des différences graphiques pour soutenir son énoncé. Il n'accepte plus que deux séquences de lettres identiques indiquent des noms différents. Il résoudra ce nouveau problème soit avec la condition quantitative, soit avec la condition qualitative ou avec les deux à la fois.

A	B	C
JSO = cheval	**AEI** = chien	**IAX** = papillon
JSON = chien	**IAE**= cheval	**EAIX** = alligator

L'écriture de l'exemple A provient d'un enfant qui utilise la dimension quantitative; il ajoute une lettre pour résoudre son problème. À noter ici que son répertoire est constitué des lettres de son prénom (Joseph). Dans la production B, l'enfant utilise la variation qualitative; il utilise la même quantité de lettres (trois par mot), les mêmes lettres (AEI), mais présentées dans un ordre différent. Dans l'exemple C, les deux variations sont visibles : l'enfant augmente le nombre de lettres, en ajoutant une lettre pour le mot « alligator », et varie l'ordre de présentation des lettres d'un mot à l'autre. Dans ces exemples, on remarque qu'il n'existe aucun lien sonore réel entre ce que l'enfant entend et ce qu'il écrit.

De plus, comme il s'aperçoit que l'écrit des adultes comprend tantôt seulement quelques lettres et tantôt davantage, il se demande : pourquoi ce changement dans la quantité ? À cette étape, l'enfant voit le mot dans sa totalité. Il en considère le sens et la dimension sonore et graphique comme une seule entité.

Pour lui, le changement du nombre de lettres est alors relié à l'aspect quantifiable de l'objet : plus de lettres si l'objet est gros, et moins s'il est petit. « Ours » prendra alors plus de lettres que le mot « papillon »; plus de lettres pour le nom d'une personne adulte, moins pour celui d'un enfant.

Les différences observées dans l'écrit de l'enfant s'expliquent aussi par la variation qualitative. Ainsi, comme nous l'avons vu précédemment, si l'enfant possède un répertoire de plusieurs lettres, il en utilisera des différentes pour désigner quantité de mots sans nécessairement en varier le nombre. Si son éventail de lettres est plus restreint, il changera alors leur position pour écrire un mot, tout en conservant constant le nombre de graphèmes utilisés.

Tout ce savoir que l'enfant se construit pour comprendre le système d'écriture se manifeste avant qu'il ne commence à saisir la relation entre la phonétique du mot et sa représentation graphique et le rapport qui existe entre la totalité et les parties.

À mesure que ces dimensions entrent en jeu, l'enfant est devant de nouveaux problèmes. Il essaie de les résoudre en utilisant successivement les hypothèses syllabique, syllabico-alphabétique, pour en arriver à l'hypothèse alphabétique sur laquelle repose le système d'écriture conventionnel tant pour l'interprétation que pour la production de messages. C'est très souvent l'information qu'il tire de l'écriture de son nom qui vient donner le coup d'envoi d'une sensibilisation à l'aspect phonétique du mot et de sa représentation écrite. Il accepte assez facilement qu'une séquence de lettres soit la représentation écrite de son nom, mais il commence à se demander pourquoi.

Cette nouvelle étape est marquée par la conscience que l'enfant commence à avoir de la phonétisation de l'écriture et de la mise en relief des ressemblances ou des différences sonores des graphèmes écrits. Le travail cognitif qu'il accomplit à l'intérieur des hypothèses utilisées se produit toujours par une implication des axes quantitatif et qualitatif d'un écrit porteur de sens.

c) L'utilisation de l'hypothèse syllabique

L'utilisation par l'enfant de l'hypothèse syllabique est une façon nouvelle pour lui de voir plus clair à mesure qu'il progresse dans sa compréhension du système d'écriture. Par cette approche, il essaie de contrôler la relation du tout et de ses parties. Il pense maintenant « que chaque morceau d'un nom écrit peut correspondre à une partie du son émis » Ferreiro (1988). Toutefois, des études semblent indiquer que certains enfants passeraient directement du présyllabique à l'utilisation de l'hypothèse syllabico-alphabétique (Lavoie, 1989).

À l'intérieur donc du stade syllabique, s'observent certains mouvements. L'enfant écrit en s'appuyant sur les critères déjà nommés comme la quantité minimum mais, quand il procède à la lecture de ce qu'il vient d'écrire, les valeurs assignées aux lettres sont la syllabe, et il écrit une lettre pour chaque syllabe.

Exemple :	**m**	**s**	**G**
	↓	↓	↓
	mes	**sa**	**ge**

Quand il trouve plus de lettres que de syllabes, il règle ce problème en remaniant les lettres plutôt qu'en les effaçant. Une autre difficulté surgit quand il doit écrire un mot d'une syllabe. Son cheminement antérieur le fait hésiter à écrire une lettre, étant donné qu'il entend un son. Souvent, il met deux lettres, sans savoir pourquoi, ou encore il accepte une lettre parce que le mot n'est pas isolé, qu'il fait partie d'un tout, d'une phrase. Un autre ennui se présente aussi lorsque l'enfant regarde sa production et la compare à celle des individus alphabétisés. Il comprend bien son système, sa façon d'écrire, mais il a de la difficulté à déchiffrer les écrits des autres. Chaque fois qu'il essaie d'appliquer l'hypothèse syllabique à leurs écrits, il trouve ordinairement un surplus de lettres et il rencontre inévitablement ce déséquilibre dans l'écriture de son prénom.

Certains enfants règlent le problème en recourant à l'axe quantitatif (deux lettres pour chaque syllabe). Si ce procédé ne donne pas de résultat, ils cherchent et abandonnent graduellement ce système et s'orientent vers ce que Ferreiro nomme l'hypothèse syllabico-alphabétique. Ils essaient alors d'analyser le mot en termes de phonèmes, sans toutefois abandonner l'utilisation de la syllabe.

d) L'utilisation de l'hypothèse syllabico-alphabétique

Cette utilisation de l'hypothèse syllabico-alphabétique indique que l'enfant accepte de mettre plus de lettres à son mot ou cherche à résoudre son problème autrement. La dimension alphabétique du système d'écriture vient alors lui servir de contrôle interne. Dans l'exemple suivant, Ferreiro (1988) nous montre comment l'enfant utilise cette hypothèse qui fait appel soit à la syllabe, soit à l'aspect phonétique du mot. Le mot «Mariposa» qui signifie papillon en espagnol, devient **MA** I O **SA** pour un enfant et M I O **SA** pour un autre. Dans le premier cas, la première et la dernière syllabe font appel à l'aspect alphabétique de notre système d'écriture. L'enfant utilise la syllabe, soit pour une lettre, soit pour chaque syllabe intermédiaire. Dans le deuxième exemple, les trois premières syllabes sont rendues syllabiquement (une lettre pour chaque syllabe) et, pour la dernière, l'enfant utilise la dimension alphabétique. Ce qui manque dans cette écriture pour que la réponse soit correcte ne doit pas être considéré comme une écriture déviante, une écriture où l'on observe des omissions. Dans une perspective développementale, le contraire doit être considéré : il y a addition de lettres par rapport à l'écriture syllabique précédente. C'est un point de vue important à considérer quand on évalue le développement de l'écrit d'un enfant.

Voici des écrits d'enfants qui ont utilisé l'hypothèse syllabique ou l'hypothèse syllabico-alphabétique.

Ma mère avait acheté des cœurs en chocolat. Ma grand-mère m'en a donné un petit, ma mère aussi. J'étais très contente.

Je m'en vais à la fête de la garderie.

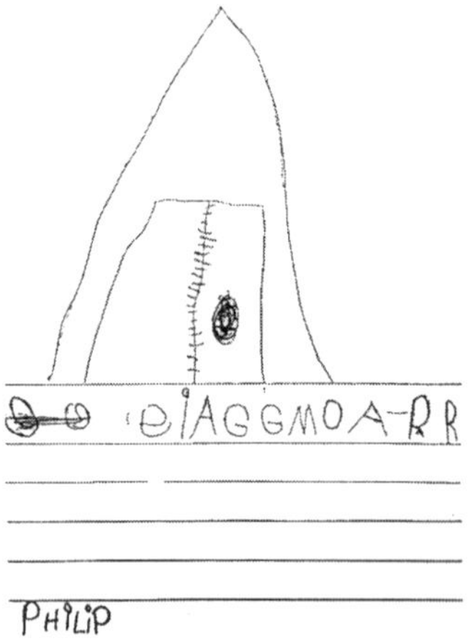

Je suis allé chez mon grand-père.

Papa met les bagages dans l'auto.

e) L'hypothèse alphabétique ou la compréhension de notre système d'écriture

Enfin, l'enfant comprend les principes du système alphabétique et il écrit d'une façon plus conventionnelle; il comprend que des sons similaires nécessitent des lettres similaires et des sons différents se traduisent par des lettres différentes. C'est une étape finale pour cette partie de son savoir sur l'écrit, mais c'est la première d'une autre période. D'autres problèmes sont à résoudre maintenant, en particulier celui de l'orthographe. Ces problèmes commencent seulement quand l'enfant a saisi les principes de base du système alphabétique, car l'élimination des irrégularités de l'orthographe s'appuie sur des règles différentes et s'apprend à l'école.

Voici des écrits d'enfants de classe de maternelle qui manifestent une compréhension de notre système d'écriture, mais une méconnaissance de l'orthographe :

C'est le temps de souper.

C'est le temps de dîner.

Le petit garçon aperçoit une souris.
La souris veut un verre de lait.

Je t'aime beaucoup.

Le tableau 2, une synthèse des travaux de Ferreiro, présente les phases par lesquelles un enfant chemine avant de comprendre la structure conventionnelle de notre système d'écriture.

Tableau 2

Stades de développement de l'écrit avant et après la prise de conscience de l'aspect phonétique de notre système d'écriture, selon Ferreiro

1. Distinction entre le dessin et l'écrit
2. Production d'écriture inventée sans lien avec ce que l'enfant entend

Critères de lisibilité d'un texte :
- Minimum de trois lettres
- Variation du nombre de lettres en fonction de ce que le mot représente
- Variation dans l'ordre des lettres de son répertoire

↕ **Prise de conscience de l'aspect phonétique du système d'écriture** ↕

(Lien plus précis entre l'oral et l'écrit)

Pour résoudre ses problèmes, l'enfant utilise :
1. L'hypothèse syllabique
   - Les syllabes sont représentées par une lettre
     - sans correspondance sonore
     - avec correspondance sonore
2. L'hypothèse syllabico-alphabétique
- Résout ses problèmes en utilisant une lettre par syllabe ou une lettre par son ou les deux à la fois
  - sans correspondance sonore
  - avec correspondance sonore
3. L'hypothèse alphabétique
- Utilisation du système alphabétique conventionnel

Les études de Ferreiro ont été conduites en langue espagnole. Elle a aussi travaillé avec des enfants de la Suisse francophone. D'autres chercheurs ont repris ses travaux avec des enfants de langues différentes, soit le portugais, l'italien, l'hébreu et le français (Pontecorvo et Zucchermaglio, 1990; Tolchinsky-Landsmann, 1990; Grossi, 1990; Besse, 1989; Filjakow et Filjakow, 1993). Les observations de Ferreiro sur le développement de l'écrit se confirment. Ici, au Québec, à notre connaissance, deux études ont été faites à partir des protocoles de Ferreiro. L'une avec des enfants de première année, réalisée par Nathalie Lavoie en 1989 et l'autre, conduite par Lucille Lapointe, également en 1989. Cette dernière a travaillé avec 18 enfants de classe de maternelle dont l'âge, en début d'année, se situait entre cinq ans et un mois, et six ans. Dans les deux cas, on a rencontré les enfants individuellement quatre fois au cours de l'année. Les auteures voulaient savoir à quel niveau de développement de l'écrit se situaient les enfants de classe de maternelle et de première année en fin d'année. On a évalué les enfants à partir de la production écrite de leur nom, de ses parties, de mots de une à quatre syllabes et d'une phrase.

Tableau 3

Niveau de développement de l'écrit des sujets de classe de maternelle et de première année à l'épreuve d'écriture de leur prénom, de mots et d'une phrase

(Compilation des résultats des études de Lavoie et Lapointe)

	Présyllabique		Syllabique	
	Maternelle	**1re année**	**Maternelle**	**1re année**
1re séance	94,4 %	80 %	5,6 %	—
2e séance	89 %	—	11 %	—
3e séance	61 %	—	39 %	—
4e séance	49,9 %	—	44,5 %	—

	Syllabico-alphabétique		Alphabétique	
	Maternelle	**1re année**	**Maternelle**	**1re année**
1re séance	—	20 %	—	—
2e séance	—	23 %	—	57 %
3e séance	—	100 %	—	—
4e séance	5,6 %	—	—	100 %

La lecture comparée des résultats de ces deux études (tableau 3) montre bien que l'enfant semble passer par différents stades pour en arriver à comprendre notre système d'écriture. On y observe également la dimension développementale qui indique que l'enfant construit son savoir. À la première séance, près de 95 % des enfants de classe de maternelle sont au stade présyllabique, tandis que, à la quatrième session, plus de 50 % ont évolué vers les deux autres stades. Cependant, aucun enfant n'était au stade alphabétique à la fin de l'année passée en classe de maternelle. Pour ce qui est des enfants de première année soumis à l'apprentissage formel de l'écrit, il faut observer qu'il a fallu une année complète à ceux (20 %) qui se trouvaient en septembre ou octobre au stade présyllabique pour se retrouver au stade alphabétique, et ces enfants sont passés directement du stade présyllabique au stade syllabico-alphabétique. Ces deux groupes d'enfants n'avaient pas été, au cours de leur passage en classe de maternelle, dans un environnement où l'écrit et la préoccupation de lecture-écriture étaient très présents.

Ces travaux nous amènent à recommander fortement de conscientiser davantage les enfants de classe de maternelle à la production et à l'interprétation de l'écrit. Que cette conscientisation se fasse surtout par des activités d'interaction avec l'écrit de l'environnement (Thériault, 1993). Dans sa conclusion, Lapointe (1989) suggère d'inciter d'une façon informelle les enfants à produire de l'écrit et à parler à propos de cet écrit.

Exemples d'écriture spontanée d'enfants fréquentant une classe de maternelle où la lecture et l'écriture font partie de la vie et de l'environnement quotidien :

Elle m'a transformée en princesse.

Le renne a apporté les cadeaux.

Je me suis couché et j'ai rêvé, et j'ai rêvé. (Simon)

Oh ! papa, regarde les beaux oiseaux. Oh oui !

Oh ! maman, il (y) a un tourbillon !

SAVOIR UTILISER LES CONNAISSANCES ANTÉRIEURES ET LES ERREURS DE L'ENFANT

Considérant l'écrit comme un objet de connaissance qui se construit par l'interaction avec l'environnement, soit avec les objets et les personnes, il devient pertinent que l'utilisation des connaissances antérieures de l'enfant et ses expériences vécues deviennent le levier qui assurera l'échafaudage de cette construction. C'est dans cette perspective que DeVries et Kohlberg (1987) invitent à commencer nos interventions en rapport avec l'écrit en nous questionnant sur les idées que l'enfant a sur la nature de notre système d'écriture. Les enfants se font une idée très différente de celle de l'adulte sur ce que représente un écrit. Ferreiro et Teberosky (1982) concluent, dans leurs études faites auprès d'enfants dont l'âge se situe entre quatre et six ans, que « seuls ceux qui ont atteint un niveau avancé de conceptualisation peuvent bénéficier de l'enseignement traditionnel ». Il faut amener les enfants à comprendre ce qui se passe dans leur tête quand ils veulent lire ou produire un message; il faut donc compter avec les connaissances acquises pour amener l'enfant à progresser dans sa réflexion.

Dans une telle perspective, on ne devrait plus entendre : « Les enfants ne savent rien. » Il faudrait, de plus, considérer l'« erreur » des enfants positivement parce que, selon Ferreiro et Teberosky (1982), l'enfant passe par l'erreur pour en arriver à contrôler sa propre connaissance. Elles ajoutent même que l'enseignante qui ne tolère pas l'erreur ne permet pas à l'enfant de penser. Lorsque ce dernier utilise l'hypothèse syllabico-alphabétique, il est en situation de progrès par rapport à l'utilisation de l'hypothèse syllabique, mais il est encore en situation de manque (il manque des lettres à son mot) par rapport à la compréhension de notre système alphabétique de l'écriture. Si l'erreur est un instrument de progrès, l'enfant doit avoir la possibilité d'établir des hypothèses, toutes sortes d'hypothèses, et de s'attendre à ce qu'elles soient toujours reçues de façon positive. Selon Smith (1982), Goodman (1990) et Foucambert (1976), lire c'est prédire. Il n'y a pas d'acte de lecture sans prédiction. L'enfant utilise ses connaissances linguistiques pour essayer de comprendre. L'hypothèse qu'il fait n'est pas toujours adéquate, et cette hypothèse doit être acceptée et questionnée pour qu'il puisse la vérifier et continuer à penser pour arriver enfin à une hypothèse correcte.

L'attitude traditionnelle que nous avons devant une interprétation ou une production qui n'est pas conventionnelle devrait donc changer. Lorsque l'enfant est questionné, réorienté, il peut en arriver à se corriger lui-même d'une façon spontanée, et ainsi comprendre. DeVries et Kohlberg (1987) disent que la correction sans prise en charge par l'enfant a pour effet de détruire sa confiance en lui-même et en l'adulte, engendrant ainsi des obstacles qui l'éloignent du progrès.

Les données présentées dans ce chapitre sont donc loin de la recherche de « meilleures méthodes » à utiliser ou d'exercices précis à faire exécuter pour que l'enfant soit prêt. Elles mettent cependant en évidence l'enfant constructeur d'un savoir et d'un éducateur plus humble qui s'émerveille en regardant comment l'enfant s'y prend pour s'apprendre à lire et écrire, comment émergent et s'échafaudent ses connaissances, et comment l'adulte peut l'aider à régler les divers conflits auxquels il doit faire face tout au long de son cheminement.

Il faut donc observer l'enfant, comprendre ce qu'il en est à bâtir et savoir intervenir. Le chapitre suivant va démontrer comment la classe de maternelle peut l'aider à développer, à orienter et à contrôler cette « émergence » commencée dans la famille. Mais avant d'aborder ce chapitre, rappelons sous forme d'énoncés ce que la recherche des dernières années nous a appris et que nous devons considérer pour élaborer un paradigme qui favorise le développement de l'écrit du jeune enfant (DeVries et Kohlberg, 1987).

---

1. Débuter avec ce que l'enfant connaît.
2. Respecter l'erreur constructive.
3. Encourager les prédictions et l'autocorrection.
4. Soutenir les enfants dans les moments de conflits conceptuels.
5. Exposer les enfants au langage écrit dans toute sa variété.
6. Encourager l'interaction sociale sur le comment lire et écrire.
7. Regrouper les enfants de manière hétérogène pour des activités de lecture et d'écriture.
8. Fournir, dès le début de l'année, en classe de maternelle, des expériences de lecture et d'écriture.
9. Encourager les enfants à considérer les propriétés quantitatives des mots et ne pas insister exclusivement sur les aspects qualitatifs.
10. Ne pas limiter l'introduction de nouveaux mots aux monosyllabes avec une, deux, ou trois lettres.
11. Ne pas insister sur une prononciation correcte au début de la lecture.
12. Permettre un temps suffisant pour que le processus constructif agisse.
13. Encourager les enfants à écrire selon leurs conceptions.

Chapitre 3

Les composantes pédagogiques du paradigme d'« émergence de l'écrit »

Les composantes pédagogiques reliées au paradigme d'émergence de l'écrit s'appuient d'abord sur une conception de la lecture et de l'écriture, laquelle considère l'écrit comme un objet cognitif, social et culturel, qui se centre sur l'enfant en quête de sens, qui reconnaît également l'enfant comme responsable de la construction de son savoir et qui admet que ce savoir commence à s'élaborer bien avant l'âge d'entrée à l'école.

Cette conception de la lecture oriente différemment l'intervention qui doit influencer l'enfant dans son processus d'élaboration d'un savoir sur l'écrit. « On n'apprend pas tout seul » (Zimmermann, D., 1986). L'enfant évolue dans un espace, dans un environnement physique où se retrouvent des objets, des adultes et ses pairs, d'où la nécessité d'établir des relations entre les individus et les objets pour qu'un processus de développement et d'apprentissage soit actif. En se situant dans une approche développementale, où l'enfant et l'environnement jouent un rôle sur l'acquisition de savoirs, il devient important de clarifier ce concept d'intervention.

L'INTERVENTION ÉDUCATIVE EN CLASSE DE MATERNELLE

Le terme « intervention » a davantage été utilisé par les disciplines reliées à la médecine et à la psychosociologie. Ce n'est que récemment qu'on le retrouve dans le discours des sciences de l'éducation où il est surtout employé en rééducation. Dans les écrits américains, le terme *guidance* est utilisé pour signifier une relation d'aide au développement normal de l'enfance, dans un processus de croissance où l'on ne rencontre pas de problèmes majeurs. Cette action est fondée sur l'analyse des tâches développementales, ce qui assure une action plus efficace de la part de l'adulte (Havighurst, 1974). En langue française, il est apparu que le terme « intervention » véhiculait plus de sens et on accepte de l'utiliser en situation problématique ou normale. Qu'est-ce donc qu'une intervention éducative ?

Prise dans le sens d'influence, l'intervention éducative est, selon Paré (1977), l'action, consciente ou non, exercée par un éducateur sur ses élèves dans le but d'agir sur leur croissance. Le programme d'éducation préscolaire (MÉQ, 1981) définit cette intervention comme « une action consciente faite pour stimuler, soutenir et confronter l'agir de l'enfant ». Tout en ayant une certaine parenté avec ces définitions, le groupe de recherche INTIM (INTervention Indirecte en classe Maternelle, UQAC, 1989) a adopté la formulation suivante : « L'intervention éducative est une action pédagogique consciente entreprise pour soutenir et stimuler une attitude ou une action ou pour modifier une situation ou encore pour aider l'enfant à progresser dans son cheminement et l'inciter à aller plus loin. » L'intervention éducative telle que véhiculée ici s'apparente au mot *scaffolding* utilisé par Bruner pour décrire l'assistance de l'adulte dans le développement du langage de l'enfant (voir Cazden, 1983). Scollon (1976) appelle cet échafaudage la manifestation d'une construction verticale du progrès de l'enfant qui se réalise avec l'aide de l'adulte.

Cette intervention peut s'exercer de deux façons (Waring, 1960; MÉQ, 1981). La première, l'intervention directe, se manifeste lorsque l'éducateur fait un geste ou dit quelque chose dans le but d'influencer directement le développement de l'enfant ou pour modifier un comportement précis. Par contre, on parlera d'intervention indirecte quand le jeu d'influence est plus discret. L'éducateur place un intermédiaire entre lui et l'enfant, crée des situations problématiques, où les réponses ne sont pas fournies, amenant ainsi l'enfant à chercher et à progresser dans son développement. Lorsqu'on parle « d'intermédiaire » entre l'enfant et l'adulte, on se réfère souvent au terme « environnement » où se retrouvent un espace, des personnes et des objets physiques. Dans les deux modes d'intervention, directe et indirecte, se placent les catégories verbales et non-verbales comme on peut l'observer dans le schéma suivant :

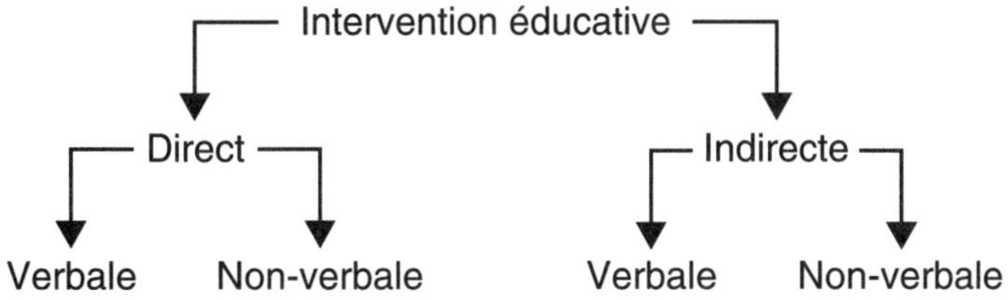

Étant donné l'importance accordée ici à l'enseignement informel en classe de maternelle, il va de soi que l'intervention indirecte devient une composante pédagogique à privilégier dans un paradigme axé sur l'émergence de l'écrit. Nous verrons maintenant comment s'actualise l'intervention indirecte de l'enseignante faite dans le but de favoriser le développement de l'écrit du jeune enfant.

Cette intervention indirecte s'observe en reconnaissant et en soutenant d'abord la famille comme agent premier d'un modèle qui favorise l'émergence de l'écrit. Ce type d'intervention s'observe également lorsque l'enseignante agit elle-même comme un modèle à imiter; lorsqu'elle utilise le jeu symbolique pour soutenir ce développement; aménage des espaces spécifiques destinés à la lecture et à l'écriture; favorise l'accès à un matériel varié ou lorsqu'elle privilégie les interactions qui développent la réflexion, l'argumentation.

RECONNAÎTRE ET SOUTENIR LA FAMILLE COMME PREMIER MODÈLE QUI FAVORISE L'ÉMERGENCE DE L'ÉCRIT

Le monde scolaire se doit de réviser ses positions sur le rôle qu'exerce la famille dans l'élaboration, par le jeune enfant, de connaissances reliées à la lecture et à l'écriture. Comme il a été dit précédemment, l'enfant, lorsqu'il arrive en garderie ou en classe de maternelle, a déjà développé un bagage de compétences. Un grand nombre d'enfants connaissent la différence entre écrire et dessiner, entre lire et raconter une histoire. Ils peuvent désigner l'écrit qu'on retrouve sur des objets de l'environnement, savoir qu'il y a un sens rattaché à l'écrit, faire semblant de lire et d'écrire... Certains même savent lire.

Cette connaissance n'est toutefois pas identique pour chacun et l'école doit s'adapter à cette situation non en blâmant les parents d'intervenir dans ce processus mais, au contraire, en encourageant ceux qui le font à continuer cette action qui favorise le développement de l'écrit et en faisant également une promotion pour que les familles moins créatives en ce domaine le deviennent. De nombreux programmes d'éducation du jeune enfant considèrent comme fondamental de mettre en évidence le rôle que les parents exercent dans l'éducation de leurs enfants (Lazar et Darlington, 1982). Accepter le rôle de la famille et savoir diminuer l'écart qui existe entre certains enfants en ce qui concerne la lecture et l'écriture lors de l'entrée à la maternelle ou en première année, c'est peut-être cela, contribuer à diminuer l'échec scolaire !

Les études entreprises pour comprendre comment l'enfant s'approprie ce savoir mettent en évidence certaines stratégies, utilisées par les parents avec leur enfant en processus d'émergence.

Ces stratégies pourraient servir de base à certaines pratiques pédagogiques avec les enfants en classe de maternelle. Ce sont, par exemple :

1. L'habitude qu'ont certains parents de lire des histoires à leurs enfants.
2. L'habitude qu'ont les parents de répondre aux questions des enfants par rapport à l'écrit.
3. La façon « naturelle » qu'ils ont de parler de la lecture et de l'écriture.
4. L'habitude de lire devant les enfants.
5. Le fait de considérer l'écrit comme un autre objet de l'environnement.
6. Le fait de favoriser l'accès à des livres.
7. La facilité qu'ils ont à renforcer les comportements des enfants dans cette tentative d'acquisition.

Ces diverses habitudes observées chez les parents de lecteurs précoces peuvent donc servir de modèle et devenir des stratégies intéressantes pour soutenir le développement de l'écrit des enfants dont l'âge se situe entre zéro et six ans. Ces diverses habitudes seront reprises lorsque nous préciserons les types d'interventions possibles en classe de maternelle.

L'ENSEIGNANTE, UN MODÈLE À IMITER

L'acte de lire est aussi un acte culturel et social (Foucambert, 1976) et l'attitude de l'adulte vis-à-vis de l'écrit révèle des habiletés que l'enfant s'empressera d'imiter. Quand il entend : « Qu'est-ce que l'on a besoin d'acheter à l'épicerie ? »... et qu'il voit sa mère faire une liste, ou quand il voit un adulte au téléphone écrire un message, il apprend qu'il y a un lien entre ce qui se dit et ce qui est écrit. Il imitera ses parents dans des situations semblables. Lorsqu'il partira en voyage, par exemple, il écrira ou fera semblant d'écrire ce qu'il doit apporter. L'enfant imite les adultes qui lisent et écrivent, il fait lui-même la lecture à ses poupées, à ses oursons, ou il fait semblant de le faire.

À la maternelle, l'enfant développe et renforce ses savoirs en regardant son enseignante... Si, pour elle, le livre est important, elle présentera une organisation matérielle où le livre tient une grande place, et elle saura également varier et présenter ce matériel. Elle parlera des livres qu'elle a lus, donnera du temps aux enfants pour lire ; questionnera ces derniers sur les livres qu'ils ont lus ou qu'ils aiment. Mais, c'est surtout par la lecture qu'elle fait à haute voix qu'elle se révèle un modèle à imiter. Un modèle qui interagit avec l'écrit et que l'enfant observe. C'est par la lecture que l'adulte fait que le jeune enfant prend conscience de l'entité texte, par exemple. En choisissant le paradigme d'émergence de l'écrit, faire la lecture aux enfants devient donc une activité à privilégier et la lecture d'histoires en est une composante importante.

La lecture d'histoires

La lecture d'histoires se réfère à la lecture à haute voix faite par un adulte à un ou plusieurs enfants. C'est, dans un premier temps, l'expérience vécue par un parent qui lit quelque chose à son enfant avant de le mettre au lit. Dans les travaux de plusieurs chercheurs, ce contexte de relation parent-enfant lisant une histoire avant le coucher a fait ressortir l'importance de cette activité et la pertinence d'utiliser les stratégies du parent pour vivre cette activité dans une situation scolaire. Holdaway (1979) appelle cette activité en classe la « lecture partagée ».

Dans la situation du parent ou de l'adulte qui lit, on observe en effet un partage qui amène l'enfant à imiter l'adulte.

L'adulte	L'enfant
1. Lit à haute voix.	1. Écoute.
2. Utilise un ton approprié et imite le langage du livre.	2. Reçoit un modèle pour agir avec un texte.
3. Fait des commentaires et pense tout haut.	3. Voit comment l'adulte réfléchit.
4. Se pose des questions sur ce qui peut arriver.	4. Trouve des solutions parce qu'on l'invite à penser. Il développe une capacité d'anticipation.
5. Manifeste son contentement ou son inquiétude.	5. Développe son imagination, se permet de donner de la place à ses émotions.
6. Attire l'attention sur l'image, sur certaines situations, se sert de l'image pour faire des prévisions.	6. Comprend qu'il existe une relation entre l'image, l'écrit et le langage oral.
7. Fait référence à ce que sait l'enfant.	7. Développe sa capacité à faire des liens entre ce qu'il sait et les situations de l'histoire.
8. Lui demande son avis.	8. Développe sa capacité à formuler sa pensée.

Cette situation de partage d'un livre se réalise ordinairement dans un climat de chaleur, de plaisir, qui amène l'enfant à « imiter » l'adulte parce qu'il comprend de plus en plus comment ce dernier agit avec un texte.

Les études qui établissent que la pratique de la lecture d'histoires est bénéfique au développement de l'écrit sont nombreuses et viennent renforcer ce que des générations de parents savaient et ont fait en lisant des histoires à leurs enfants (Guinagh et Jester, 1992; Gorcyca et Cummings, 1981; McCormick, 1981; Teale, 1981; Holdaway, 1979; Ninio et Bruner, 1978). Sur le plan méthodologique, les études expérimentales de cas et de corrélations fournissent également des données qu'il faut retenir afin de mieux orienter et utiliser cette activité en classe de maternelle.

En effet, comme le disent Clay (1979) et Smith (1982), il faut retenir de ces travaux que la lecture d'histoires aide le jeune enfant à se familiariser avec la structure et le fonctionnement du langage écrit. Cette activité permet de saisir les différences existantes entre le langage écrit et le langage oral, confirme que l'imprimé produit du sens, et que les mots écrits ont un lien avec les sons entendus (Morrow, 1988). De plus, la lecture d'histoires dans sa dimension réceptive favorise l'attention, contribue au développement de l'écoute et permet de comprendre la structure d'un texte vu dans sa globalité.

C'est en étant exposé à la lecture d'histoires que l'enfant se familiarise avec la structure d'un récit qui comprend ordinairement un début, une intrigue et une conclusion. L'utilisation, par l'enfant, de verbes au passé, suivi d'entrées en matières classiques comme : « Il était une fois... » se manifeste tôt; par la suite, l'enfant progresse dans la compréhension et l'utilisation plus marquée du contenu et de l'intrigue (Applebee, 1978). À cinq ans, il peut maîtriser ces diverses parties du récit. Par contre, l'utilisation de formules consacrées que l'on retrouve dans la conclusion comme : « ... ils vécurent heureux... » se manifesteraient plus tard dans son développement.

La réception de l'histoire lue améliore aussi la mémoire, le développement d'habiletés de prédiction, et augmente le vocabulaire (Teale, 1981). Mais un des apprentissages importants que l'enfant peut tirer de cette activité de lecture d'histoires est davantage social. L'interaction de l'adulte avec le texte, de l'adulte avec l'enfant et vice versa joue un rôle sur la compréhension, développe le questionnement, l'argumentation et le partage de la connaissance.

Les interactions verbales qui se manifestent entre l'adulte et l'enfant à propos des personnages et des actions de ces derniers l'amènent aussi à réfléchir, à poser des questions, à discuter, à dialoguer, à interagir à tour de rôle, à partager ses réactions personnelles, à relier les concepts ou l'information rencontrée dans son expérience de vie ou celle de l'adulte (Strickland et Morrow, 1990a; Nielsen, 1992).

Ces comportements interactifs reflètent le sens constructif du langage écrit incluant les questions et commentaires qui permettent l'extension, qui clarifient l'information, qui identifient les différents aspects de la structure narrative (Morrow, 1988). Dans une étude inédite, Doyon (1993) explique que « l'adulte, par ses questions, amène davantage l'enfant à réfléchir sur son action qu'il ne le fait seul ou avec un pair ». Ce volet interactif de la lecture d'histoires devrait à lui seul nous convaincre du bienfait de cette activité.

De plus, en regardant l'adulte lire une histoire, l'enfant apprend que l'imprimé se lit de gauche à droite, que l'histoire débute à la première page du volume et qu'elle se termine à la fin du livre, que la personne qui a écrit cette histoire s'appelle un « auteur ». Enfin, par cette activité l'enfant découvre que la lecture peut être un plaisir, qu'elle est une source de connaissances et qu'il peut lui aussi s'amuser avec un livre. Le plaisir que la lecture procure joue un grand rôle sur la motivation à lire.

Bien que cette activité de lecture d'histoires fasse partie de nos curricula en classe de maternelle et en garderie, des études révèlent, comme le signale Morrow (1982), que les éducatrices avouent ne lire qu'occasionnellement des histoires aux enfants, même si elles considèrent cette activité comme importante. Notre expérience au Québec révèle la même tendance. Or, à notre avis, la lecture d'histoires doit être quotidienne et se retrouver également dans les activités des classes du primaire, surtout chez les débutants, pour les familiariser rapidement avec le sens de l'entité texte vue globalement. « Lire une histoire rapporte plus à l'enfant qu'une leçon sur les lettres » (Clay, 1991). La lecture d'une histoire est une forme d'intervention qui permet à l'enfant de réussir, avec un peu d'aide, une activité qu'il n'aurait pu réaliser seul.

Lire et relire la même histoire

« Lis-le encore! »... L'adulte relit souvent avec étonnement le même volume à l'enfant. Il le fait parce que ce dernier le demande et le redemande... La relecture d'une histoire se révèle une activité nécessaire et utile (Yaden, 1988).

Les recherches qui attestent de cette valeur sont nombreuses et révèlent certaines tendances qu'il est intéressant de rappeler. Beaver (1982) décrit comment l'attention et l'appréciation du livre chez les enfants de première année se sont accrues après plusieurs lectures d'une même histoire. Martinez (1983) et Martinez et Roser (1985) notent les changements dans la qualité des réactions des enfants au fur et à mesure qu'ils écoutent la même histoire. Les réactions verbales d'enfants d'âge préscolaire non seulement augmentent en nombre, mais indiquent une plus grande compréhension du texte.

Dans une recherche, Martinez et Teale (1988) étudient l'influence de la familiarité avec l'histoire sur l'apparition de certains comportements reliés à l'écrit. Par familiarité du livre, les auteurs se réfèrent à un livre ayant été lu à haute voix par l'enseignante une ou plusieurs fois. Les auteurs constatent que les enfants passent une plus grande partie de leur temps à « feuilleter » un livre qui ne leur est pas familier mais à manifester des « comportements plus complexes d'émergence de l'écrit » pour un livre dont l'histoire leur est familière, voire très familière. De plus, les comportements d'émergence de l'écrit davantage complexes sont plus variés et se retrouvent en plus grand nombre quand l'enfant est familiarisé avec le livre qu'il a choisi. Le tableau 4 présente ces résultats.

Tableau 4
Pourcentage de comportements reliés à l'écrit selon le niveau de familiarité du livre d'après la recherche de Martinez et Teale

	Non familier	**Familier**	**Très familier**
Feuilleter un livre	41	21	21
Comportements plus complexes	21	30	30

Les travaux qui portent sur les questions que pose l'enfant concernant le volume lu révèlent deux niveaux de compréhension. Les questions posées lors des premières séances de lecture laissent apparaître une compréhension liée à la dimension affective. On dirait que l'enfant s'approprie d'abord les personnages, leurs émotions. Ce n'est qu'après plusieurs lectures qu'il réagit aux mots du texte, à l'intrigue. Ses réactions sont alors davantage cognitives.

À ce sujet, Yaden (1988) rapporte deux tendances dans les questions que pose son fils David (cinq ans) lors de la relecture d'histoires. D'abord, les questions sur les illustrations augmentent. Après six relectures, 56 % des questions de David concernent divers aspects de ces illustrations. Par la suite l'auteur remarque, dans les questions de David, un mouvement vers une compréhension plus précise. Surgissent alors des questions sur le sens littéral et implicite de l'histoire. Ce genre de questions survient à partir de la troisième lecture. Des diverses données de recherche on note également qu'une compréhension plus approfondie de l'histoire doit compter avec le facteur temps.

Lire à l'enfant une quantité de livres variés doit demeurer une priorité, mais on doit aussi valoriser la relecture de certains livres, ne serait-ce que pour les réactions différentes que ces répétitions entraînent. Le degré de familiarité d'une histoire augmente le contrôle de l'enfant sur l'organisation du récit et sur le langage utilisé (Rhodes, 1981).

La relecture d'histoire :

- Permet à l'enfant de construire sa propre version de l'intrigue;
- Facilite la mémorisation du texte;
- Permet de lier cette information à ses expériences personnelles;
- Favorise une complicité entre l'adulte et l'enfant;
- Développe les représentations cognitives.

La situation de lecture d'histoires à haute voix

La situation idéale pour lire une histoire à haute voix demande une certaine intimité, soit un adulte lisant à un ou deux enfants. On ne saurait, en effet, trop répéter les bienfaits de la lecture d'histoires à la maison. Dans sa quête de collaboration entre la famille et l'école, cette dernière se doit d'inviter les parents à réaliser cette activité avec leurs enfants. Elle se doit également de les soutenir en prêtant des volumes et en démontrant la valeur de cette activité pour la réussite en lecture. Cette relation adulte-enfant qui se réalise à la maison ne se retrouve pas facilement à l'école. Les enseignantes, quand elles s'adonnent à cette activité, le font généralement, et par nécessité, en groupe.

Cependant, dans une recherche qui avait pour but d'évaluer l'effet de la taille du groupe sur la compréhension de l'histoire, Morrow et Smith (1990) indiquent qu'après la lecture d'une histoire, les enfants soumis à des tests de compréhension (un questionnaire et un rappel libre) présentent des résultats différents selon que l'activité a été individuelle, faite avec un petit ou un grand groupe. Ce sont les enfants réunis en petits groupes qui obtenaient les meilleurs résultats. La compréhension chez les enfants réunis en grands groupes était la plus faible. En outre, les enfants placés en petits groupes posaient plus de questions et faisaient davantage de commentaires que les deux autres groupes. Sans abandonner la lecture faite à toute la classe, les résultats de cette étude devraient nous inciter à utiliser davantage cette stratégie de lecture à de petits groupes, qui semble favoriser la compréhension du texte lu.

Redire l'histoire à haute voix

S'il est bénéfique de relire la même histoire à l'enfant, il est aussi important de demander à ce dernier de redire l'histoire, de la raconter dans ses propres mots, de réaliser un jeu dramatique, de mimer l'histoire, de la dessiner. Cette activité augmente la familiarisation avec le récit, donne de l'assurance et rend l'enfant disponible pour de nouveaux apprentissages et des modes d'expression différents (Morrow, 1993). Cette activité rend donc les enfants plus actifs encore. Redire l'histoire développe l'habileté à voir globalement le récit lu. C'est une autre façon pour l'enfant d'assimiler le concept de la structure du récit. C'est une activité très différente de celle du questionnement où l'on suscite des réponses sur les diverses parties et les détails du texte. En racontant l'histoire, l'enfant démontre sa compréhension du tout, ainsi que du détail, de la séquence et de la cohérence qui doivent se retrouver dans la redite de l'histoire.

Redire l'histoire c'est mettre en action un processus de cocréativité et de coopération. En reproduisant le texte de l'auteur, l'enfant se l'approprie, lui donne la couleur de sa compréhension, de son expérience et de sa personnalité. Il y a coopération entre celui qui dit et ceux qui écoutent, ou entre les acteurs lorsque plusieurs enfants présentent ensemble l'histoire. Ces processus prennent une autre expression lorsque des accessoires, des déguisements sont à leur portée (Peek, 1989; Nelson, 1989). Raconter l'histoire devant les autres, c'est aussi élargir les expériences de langage de l'enfant. Très souvent ce dernier réutilise, dans d'autres circonstances, le langage de l'auteur du livre lu.

Redire l'histoire n'est pas nécessairement une activité facile pour l'enfant de cinq ou six ans, et même pour l'enfant du primaire. Il lui faut de la pratique et de l'aide. Dans cette démarche, il est important d'écouter l'enfant, ou l'ensemble du groupe, redire l'histoire aux autres (Morrow, 1985).

Planifier la lecture d'une histoire

La lecture d'une histoire en classe de maternelle se fait pour le plaisir et aussi pour apprendre, comme nous venons de le voir (Morrow, 1993). À cette fin, l'enseignante se doit de planifier cette activité. Trois éléments sont alors à considérer :

1. Avant la lecture

Savoir créer un climat d'attente, de plaisir et d'intérêt. Introduire l'histoire par certaines directives. Exemple : « Regardez les illustrations de la couverture et dites-moi de quoi ce livre parle. » Réutiliser les idées des enfants pour indiquer globalement ce sur quoi porte l'histoire. Autant que possible, relier les réponses à des expériences vécues par les enfants, quelquefois montrer les images. Donner de l'information sur le livre, sur l'auteur...

2. Pendant la lecture

Être certain que les enfants visualisent les images à mesure que vous lisez. Prévoir aussi des temps pour permettre à l'enfant de réagir, d'émettre des commentaires ou de poser des questions. Faire connaître sa propre compréhension de certains aspects de l'histoire. Formuler des commentaires comme « Je pense que c'est une histoire au sujet de... »; « Je pense qu'il va arriver... »; « Je suis un peu confuse par..., mais je vais continuer à lire pour en découvrir plus ». Comme l'enfant vous entend penser tout haut, il est amené à voir qu'un lecteur c'est un penseur actif qui se sert de ce qu'il connaît déjà et de ce qu'il lit pour construire une signification personnelle (Strickland et Morrow, 1990a).

3. Après la lecture

Amorcer une discussion avec les enfants. Cette discussion peut s'orienter sur la structure du récit, sur le sens, sur l'imprimé ou sur l'écrit comme tel et sur les illustrations.

a) Les questions sur la structure de récit feront appel :

- à la situation;
- aux caractères, aux personnages;
- aux thèmes;
- aux épisodes, événements, séquences;
- à la conclusion.

b) Les questions sur le sens auront pour but :

- d'attirer l'attention sur des détails;
- de faire des interprétations, des associations;
- d'élaborer davantage;
- de faire des liens avec ses propres expériences;
- de chercher la définition de certains mots.

c) En orientant les questions sur l'imprimé, on verra :

- à faire des commentaires et des liens avec des lettres;
- à faire des commentaires et des liens avec des sons;
- à faire des commentaires et des liens avec des mots;
- à amener les enfants à lire des mots;
- à amener les enfants à lire des groupes de mots;

- à amener les enfants à lire des phrases;
- à parler de la ponctuation, des lettres majuscules, minuscules.

d) En regardant les illustrations, on attirera l'attention :

- sur l'illustration comme telle;
- sur ce qu'elle rappelle;
- sur le lien entre l'illustration et le contenu de l'histoire;
- sur la qualité de cette image;
- sur l'intérêt qu'elle suscite;
- sur la capacité de l'enfant à illustrer ses écrits;
- sur la possibilité de faire la comparaison entre les illustrations de certains illustrateurs.

Comment choisir une histoire à lire

Lorsqu'on sélectionne un livre à lire, il est bon, pour maintenir l'intérêt et susciter des émotions diverses, de se poser quelques questions :

1. Ce livre est-il plaisant ? Fera-t-il rire les enfants ? Les surprendra-t-il ? Se sentiront-ils à l'aise avec le texte ?
2. Le livre fait-il appel à l'imagination des enfants ? Un livre facile à lire ne veut pas nécessairement dire qu'il sera ennuyeux... Il faut examiner le langage et le contenu de chaque histoire.
3. Le langage utilisé est-il naturel, sans artifice, mais aussi non restrictif. Pour rendre des histoires classiques plus accessibles, on a tellement réduit leur contenu qu'on en perd souvent le sens original.

La lecture d'histoires permet donc à l'enfant de voir et de comprendre comment l'adulte agit et réagit devant un texte écrit. C'est donc dire l'importance que l'enseignante de classe de maternelle doit y accorder puisqu'elle devient un modèle que l'enfant s'empressera d'imiter. Ce modèle à imiter se manifeste aussi dans les stratégies de questionnement utilisées pour favoriser et comprendre le sens qui se retrouve dans l'écrit et pour en parler. Enfin, l'enfant a aussi besoin de voir l'éducatrice lire pour elle-même dans une situation où il n'est pas nécessairement concerné.

LE JEU SYMBOLIQUE ET LE DÉVELOPPEMENT DE L'ÉCRIT

Le jeu de l'enfant de deux à sept ans est marqué par le symbolisme (Piaget, 1964). Durant cette période, l'enfant utilise le symbole dans des activités de langage, dans le dessin, dans l'imitation et les jeux de faire semblant (Thériault, 1989; Thériault et Doyon, 1989). Cette capacité à utiliser les symboles est liée à sa faculté de représenter un objet par un autre. Vygotsky (1966) suggère que, dans le jeu symbolique, l'enfant commence à comprendre le processus représentationnel. L'écrit étant vu comme un objet de connaissance (Ferreiro, 1984), il fait appel au système de représentation de l'individu. L'étude des liens pouvant exister entre le jeu symbolique et le développement de l'écrit date des années 1970, mais les dix dernières années ont été davantage prolifiques en ce domaine. De nombreux travaux sont en effet venus questionner l'influence de l'activité symbolique sur le développement de la lecture et de l'écriture (Pellegrini et Galda, 1993).

Avant de démontrer comment le jeu de faire semblant peut agir sur l'émergence de l'écrit, il faut peut-être comprendre et accepter que l'activité symbolique est une variable importante du développement cognitif, et regarder aussi le sort que l'on réserve souvent à cette activité dans les classes de maternelle.

Le jeu symbolique et l'enfant de quatre à sept ans

Piaget conçoit le « jeu » comme une activité où l'assimilation prend le pas sur l'accommodation, et il y a jeu quand l'enfant maîtrise une activité. Quant au symbole, il se définit, comme indiqué précédemment, par l'usage qu'on fait d'une chose pour en signifier une autre. Dans le jeu symbolique, l'enfant exerce sa capacité de symbolisation moins dans le but de s'accommoder à la réalité que pour le plaisir de donner en spectacle son interprétation de la réalité (Thériault et Doyon, 1992). On dit qu'il y a jeu symbolique chez les quatre à sept ans lorsqu'on peut observer dans leurs activités ludiques certaines caractéristiques, par exemple : une cohérence, c'est-à-dire une structure ordonnée; un souci de vraisemblance et l'attribution de rôles complémentaires.

La première caractéristique du jeu symbolique reflète une meilleure organisation de la pensée du jeune enfant. L'observation de gestes organisés autour d'une trame, d'un scénario, indique cette compétence de l'enfant à s'exprimer dans une activité où l'on retrouve un début, une intrigue et une fin (Fournier, 1978). Une forme de cohérence s'observe alors dans son activité ludique.

Le souci de vraisemblance se retrouve quelquefois dans l'imitation même étonnante de la voix, des gestes, des rôles, des personnes, et des événements vécus. L'attribution de rôles complémentaires fait appel à un jeu symbolique à deux ou à plusieurs. Cette caractéristique s'appuie sur la socialisation grandissante de l'enfant et lui permet de coordonner les rôles des personnages du thème joué, comme ceux de la mère qui va à l'épicerie pendant que le père donne à manger au bébé.

Ces caractéristiques du jeu symbolique devraient donc se retrouver dans l'activité de l'enfant qui fréquente la classe de maternelle.

Le jeu symbolique à la maternelle

Traditionnellement, à la maternelle, certains espaces sont réservés à des activités liées à la pensée symbolique. On retrouve presque partout le coin maison et, à certains endroits, des ateliers « de service » comme l'épicerie et le bureau de poste (Thériault et coll., 1987a). Mais les observations faites lors d'une étude sur la présence d'activités reliées au développement de la pensée symbolique révèlent que ces activités sont loin d'être bien planifiées, organisées, et soutenues tout au long de l'année scolaire.

« Certaines enseignantes de maternelle manifestent même une indifférence pour l'aménagement d'aires et d'espaces favorisant le jeu symbolique » (Thériault, 1992).

Dans leurs travaux, Fein (1981) et Pellegrini (1985) font valoir que le jeu symbolique qui débute vers un an et demi à deux ans atteint son maximum de développement durant les années du préscolaire et le début du primaire. Les activités en maternelle sont donc concernées par l'activité symbolique. On peut même ajouter que le jeu symbolique est la trame de fond qui soutient la majorité des activités de l'enfant de cinq à six ans qui fréquentent cette classe. Or, il semble qu'on n'accorde pas suffisamment de place à cette dimension du développement de l'enfant.

Menée dans sept classes de maternelle, l'étude de Thériault et coll. (1987b) voulait observer le jeu symbolique des enfants dans l'aire de la maison afin de déterminer si les caractéristiques du jeu symbolique telles que définies précédemment se retrouvent dans les activités de ces enfants. L'analyse des données révèle que les comportements de jeu de ces enfants ne montrent une activité signifiante que dans deux des sept classes (90 % et 74 %). Ces résultats donnent une image assez inquiétante de ce qu'est la qualité des jeux des enfants de ces classes de maternelle. Lorsque l'on met en correspondance la présence des caractéristiques du jeu symbolique et l'aménagement de l'espace de jeu, il semble y avoir un lien direct entre ces deux variables. Les observations concernant l'organisation de l'environnement et du matériel accessible laissent entrevoir un aménagement mieux structuré et un matériel plus complet dans les classes où les caractéristiques du jeu symbolique étaient présentes. En effet, des critères d'aménagement de l'espace sont ressortis de l'analyse du lien possible entre les comportements de jeu et l'organisation matérielle de l'aire de jeu. Ces critères, au nombre de quatre, seraient donc susceptibles d'améliorer la qualité du jeu symbolique des enfants de cet âge. Ces critères sont :

1. Une organisation logique du mobilier.
2. Une organisation qui suggère de jouer des rôles diversifiés.
3. Un matériel complet pour jouer les rôles.
4. Une certaine intimité de l'aire.

Selon le scénario à jouer, l'écrit y a sa place. La question « quel matériel doit être présent pour jouer les rôles identifiés ? » (Thériault et Doyon, 1992) devient utile à l'enseignante soucieuse d'offrir de l'écrit dans un environnement contextuel. Il faut donc repenser l'organisation de l'espace de jeu et choisir un matériel qui convienne à la réalisation des divers jeux de rôle à la maternelle.

L'activité symbolique et le développement de l'écrit

Comme il a été mentionné précédemment, c'est surtout durant la dernière décennie que de nombreuses études ont mis l'accent sur l'existence d'un lien possible entre le jeu symbolique et le développement de l'émergence de l'écrit (Pellegrini et Galda, 1993). Dans l'ensemble des travaux recensés, il est intéressant de noter, sur le plan théorique, une référence aux travaux de Piaget ou à ceux de Vygotsky, mettant ainsi en évidence le rôle de l'enfant et de son interaction avec les objets de l'environnement, ses pairs et les adultes dans cette construction d'un savoir relié à la communication écrite.

Certaines de ces recherches avaient pour but d'étudier la relation possible entre le jeu symbolique et les divers aspects du langage oral en lien avec les manifestations précoces du langage écrit. Dans cette optique, Sachs (1980) argumente que l'habileté à transformer les rôles et le matériel d'une activité symbolique aide l'enfant à acquérir la dimension narrative du langage. Selon Isenberg et Jacob (1983), les comportements de faire semblant sont fortement reliés à la compréhension du système de représentation que l'on retrouve dans le langage écrit. Pour Pellegrini (1985) également, le jeu symbolique est le contexte dans lequel l'enfant en vient à comprendre d'autres systèmes représentationnels. Pour d'autres, l'implication de l'écrit dans le jeu symbolique favorise la compréhension de l'histoire et l'habileté à redire et à réactiver cette histoire.

Bessel-Browne (voir Christie, 1991) examinait l'usage de l'écrit dans des aires de jeux sociodramatiques en classe de maternelle et identifiait dix façons pour l'enfant d'utiliser le matériel écrit :

1. Comme un substitut du langage oral (explication de messages « écrits » gribouillis);
2. Comme une source d'information (la recherche d'idées dans un livre de recettes);
3. Comme un outil qui permet l'élargissement, l'exploration des relations personnelles (partager des sentiments à propos d'animaux alors que l'on lit un livre sur des animaux de compagnie);
4. Comme un outil d'expression de soi (exprimer de la peine lors d'un décès dans la famille);
5. Comme une façon de confirmer son identité (écrire son nom sur tout et partout);
6. Comme un moyen de présenter l'information (écrire des titres);
7. Comme un outil de support de la mémoire (faire des listes);
8. Comme une façon de combler des besoins économiques et d'affaires lors du jeu (commander à partir de catalogues);
9. Comme modèles (copier des noms sur des étiquettes);
10. Comme une réflexion sur le statut officiel d'une activité (écrire avec attention parce que c'est un travail important).

Si l'enfant a donc accès à un matériel écrit dans la situation de jeu qui caractérise le temps de fréquentation de la classe de maternelle, on peut donc s'attendre que l'émergence de l'écrit en soit de plus en plus manifeste.

Mais ce sont les résultats des travaux faits sur l'enrichissement des aires de jeux de rôles par un matériel écrit pertinent qui démontrent le lien qui peut exister entre cette variable et l'activité symbolique.

En 1987, Hall écrivait : « Il est malheureux de constater que le matériel relié à l'écrit ait traditionnellement été omis des aires de jeu symbolique. » Pour cet auteur, l'addition d'un tel matériel peut conduire à augmenter les activités d'écriture et de lecture durant la période de jeu. Les travaux de Christie (1990, 1991), de Morrow (1990, 1991), de Strickland et Morrow (1989), et de Vukelich (1989, 1990) vont dans ce sens. En effet, il est démontré que le fait de placer un matériel écrit utile et fonctionnel lié aux thèmes développés dans l'aire de jeu symbolique augmente l'apparition de comportements de lecteurs et de scripteurs. Newman et Roskos (1989, 1990, 1992) ajoutent que cet enrichissement favorise un jeu plus complexe et d'une durée plus longue, incorporant un plus grand répertoire de questions et réponses et de comportements très spécifiques à l'écrit. Ces auteurs racontent que deux enfants, Michael et Scott, assis à une table avec papier et crayons ont une activité d'une durée de 20 secondes qui consiste à tester les couleurs des crayons marqueurs. Par contre, les mêmes enfants dans une aire de jeu symbolique identifiée « bureau » (*office*) ont joué sur une période de 23 minutes.

L'aire de jeu de rôle enrichie d'un matériel écrit présente un contexte qui oriente l'action de l'enfant (Pellegrini et Galda, 1982; Christie et Enz, 1991). Par exemple, dans le coin maison, la présence de livres ou de fiches de recettes donne l'idée à l'enfant de faire une soupe, ou une omelette, ou une salade de fruits... Les livres placés près du lit du bébé invitent l'enfant à faire la lecture aux poupées (Thériault et coll., 1987a). Dans un cabinet de vétérinaire, le matériel présent suscite diverses situations d'écriture et de lecture comme inscrire ou faire semblant d'écrire le nom du chat sur la fiche, son poids, son malaise, l'ordonnance, lire sa température, lire le feuillet offert pour mieux nourrir le chat, etc. (Morrow, 1990; Morrow et Rand, 1991). Un matériel relié à l'écrit suggère donc des activités symboliques de plus en plus proches de la réalité quotidienne. Cette appropriation contribue au développement de l'écrit.

Un des moyens pédagogiques à exploiter dans un modèle d'émergence de l'écrit serait de planifier des activités symboliques en s'inspirant des quatre critères d'aménagement d'aires de jeux symboliques de l'étude de Thériault et coll. (1987b). Il s'agit particulièrement de s'attarder au critère « un matériel complet qui convient à chaque rôle à jouer » et d'y insérer un matériel écrit pertinent.

Pour illustrer ce propos, regardons quel matériel écrit on peut retrouver dans l'aire de la maison et du cabinet de vétérinaire.

Aire de la maison (rôles familiaux)

- Près de la cuisinière et de l'évier, placer quelques fiches de recettes; des feuillets publicitaires pour élaborer une liste d'épicerie, des coupons de rabais;
- Près du téléphone, placer un annuaire, un bloc-notes et un crayon;
- Près du fauteuil ou de la chaise berçante, placer un porte-journaux avec revues, journaux, magazines;
- Près du lit du bébé, placer quelques livres pour que le « père » et la « mère » fassent la lecture aux bébés ou aux animaux en peluche.
- Placer un tableau d'affichage pour des messages, un calendrier, des crayons, et des crayons marqueurs.

Cabinet du vétérinaire (rôles professionnels)

- Calendrier;
- Cahier pour les rendez-vous;
- Illustrations représentant divers animaux;
- Tableaux qui indiquent comment soigner et nourrir des petits animaux;
- Téléphone, annuaire, carnet pour prendre des messages;
- Fiche pour écrire le nom et l'histoire de santé de l'animal;
- Etc.

Poser la même question pour la réalisation des rôles dans les aires du bureau de poste, du cabinet médical, de la bibliothèque, d'un jardin zoologique, d'un magasin d'alimentation, d'un studio de photographie, d'un salon de coiffure, d'un restaurant, d'un aéroport, d'une station-service, d'un fleuriste, d'un magasin de jouets ou de matériel scolaire, d'une excursion en montagne ou au bord de la mer, d'une galerie d'art, etc.

Il faut redire et répéter l'importance de donner une grande place aux activités symboliques à la maternelle. Il ne faut pas les supprimer, comme un certain courant pédagogique le suggère, aux dépens d'activités à caractère académique. Au contraire, il faut multiplier les possibilités d'accès à des rôles familiaux, professionnels et fantaisistes en y intégrant d'une façon informelle les préoccupations liées à la lecture, à l'écriture, aux maths, aux sciences, en fait à tout ce qui est lié au développement cognitif, affectif, social, culturel et scolaire de l'enfant.

L'AMÉNAGEMENT D'AIRES DESTINÉES À L'ÉCRIT

Par ce vocable on se réfère ordinairement à un espace réservé à des activités spécifiques de lecture et d'écriture. Bien que nécessitant un matériel différent, il est bon que les espaces réservés à ces activités soient proches. Les critères d'aménagement utilisés pour la planification des aires de jeux de rôles sont également pertinents à la réalisation du « design » d'un coin ou atelier de lecture et d'écriture.

L'atelier de lecture

Le terme « atelier de lecture » sera ici utilisé de préférence à « coin lecture » parce que cette dernière expression donne une image plus statique de l'activité qui s'y déroule. Du mot atelier se dégage davantage l'idée de mouvement, d'interaction qui peut inciter à être choisi durant la période de jeu libre. Certaines enseignantes identifient ce lieu par le terme « bibliothèque dans la classe ».

Selon Fielding, Wilson et Anderson (1986), l'accès à un atelier de lecture favorise la lecture volontaire. La bibliothèque dans la classe, ou l'atelier de lecture, contribue à favoriser la motivation à lire spontanément. Bissett (voir Sorrell Fractor et coll., 1993) soutient que les enfants qui ont accès dans la classe à des collections de volumes lisent 50 % plus que les enfants qui n'ont accès à des livres qu'à la bibliothèque centrale. Coody (1973) et Huck (1976) rapportent que les intérêts et les habiletés des enfants pour la lecture augmentent lorsque ces derniers ont accès à des volumes dans la classe. Morrow (1982) rapporte que les coins de lecture sont pauvrement organisés et quelquefois inexistants. L'étude de Morrow indique également que les enfants choisissent rarement, sinon jamais, l'atelier de lecture durant la période de jeu libre : il faut donc voir pourquoi.

Créer dans la classe un espace bien identifié pour la lecture est un facteur important quel que soit le niveau scolaire mais, à plus forte raison, lorsqu'il s'agit de la maternelle afin de favoriser l'émergence de comportements de lecture avant la lecture conventionnelle (Teale et Sulzby, 1986).

Le mobilier et l'ensemble du matériel de l'atelier de lecture doivent être organisés avec cohérence. On trouvera dans cet espace

une table et quelques chaises, une chaise berçante, des coussins et des oreillers placés sur un sol recouvert de tapis, des étagères, des présentoirs, des porte-journaux, des animaux en peluche pour associer avec le contenu de certains volumes. Un tableau feutré avec des figurines rappelant certaines histoires (ex. : *Les trois petits cochons*), des marionnettes. Des affiches qui incitent à lire en illustrant des volumes ou des collections de la littérature enfantine. Également, un matériel technique comprenant magnétophone et écouteurs.

Cet espace doit permettre d'accueillir trois à cinq enfants à la fois et être localisé à l'écart d'activités bruyantes (Strickland et Morrow, 1988; Morrow, 1989). Il sera relativement fermé, pour assurer une certaine intimité. Un dernier critère, l'accès à un matériel varié et en quantité raisonnable, comprenant volumes, albums, revues n'est pas négligeable. Dans une étude, où Sorrell Fractor et coll. (1993) présentent quelques classes de maternelle qui ont un coin de lecture coté excellent, on note que 15 % de l'espace de la classe est réservé pour la lecture. Quelque 400 livres sont toujours disponibles pour les 20 enfants. Cette classe de maternelle dispose de 1 500 volumes en circulation au cours de l'année. En collaboration avec les enfants, l'enseignante donne un nom à l'atelier de lecture.

Il ne faut pas se faire d'illusions. Actuellement, la grande majorité des classes de maternelle sont pauvres en livres. Dans une étude faite sur les volumes accessibles dans ces classes d'une région du Québec, Thériault et coll. (1987a), indiquent que l'on pouvait retrouver dans ces maternelles entre 20 et 300 volumes. Le graphique suivant illustre cette situation :

Graphique 1
Pourcentage des volumes accessibles dans les classes de maternelle étudiées.

Tiré de : THÉRIAULT et coll. (1987a). *Le potentiel, la pertinence du matériel éducatif des classes maternelles*, p. 129.

Ces données ne permettent pas de généraliser à l'ensemble des écoles du Québec mais plusieurs se sont depuis reconnues dans cette situation. De plus, les collections mentionnées dans l'inventaire de 1987 traduisaient peu de nouveautés. Les albums du *Père Castor*, les livres de *Walt Disney*, les *Caroline* et les petits « Livres d'Argent » étaient le plus souvent nommés. Ce n'est pas très riche... Par les titres et les maisons d'édition, on a remarqué une absence presque totale de publications québécoises. Pourtant, depuis quelques années, le marché québécois du livre pour enfants se manifeste par son abondance et sa qualité. Notre littérature enfantine s'affirme de plus en plus et il est important de la soutenir.

Pour qu'un matériel soit dit accessible, il faut compter de cinq à huit volumes par enfant présentés en même temps, et il faut assurer un roulement selon les périodes de l'année, les besoins, les thèmes étudiés et les expériences vécues (Thériault et coll., 1987a; Strickland et Morrow, 1988; Morrow, 1991). Il est également suggéré de changer la moitié des volumes toutes les deux semaines.

Ce matériel doit faire appel à des types de sujets différents : des livres sur les concepts, sur les mots qui identifient des objets, des personnes ou des animaux, facilitant ainsi l'acquisition du vocabulaire; des livres touchant la littérature traditionnelle; des contes de fées ou folkloriques; des livres où l'histoire se centre sur des activités quotidiennes; des livres d'information scientifique; des livres de poésie, d'histoires fantastiques; des livres liés à des programmes de télévision; des livres que Perrot (1992) appelle des livres jeux ou des livres animés, des livres qui font rire, des livres qui font peur; des livres qui amènent les enfants à prédire ce qui va arriver; des livres où l'on retrouve un dialogue; des albums illustrés, des revues... Il peut être intéressant d'avoir plusieurs exemplaires des volumes les plus populaires. La liste présentée en annexe donne de bonnes suggestions pour le choix d'un matériel varié à offrir aux enfants de la classe de maternelle.

Dans l'ensemble de ce choix varié, on doit accorder une attention spéciale aux livres dits prévisibles, aux livres-cassettes et aux grands livres. Ce matériel devient un outil pédagogique important que l'enseignante se doit d'explorer et d'exploiter avec les jeunes enfants en émergence de l'acte de lire. Il aide aussi ces derniers à confirmer ou à infirmer les hypothèses avancées. Dans ce sens, les données sur les livres prévisibles, les livres-cassettes et les grands livres peuvent convenir autant aux enfants de maternelle qu'aux enfants du premier cycle du primaire.

Les livres prévisibles

Toujours dans l'esprit de choisir un matériel varié qui aide l'enfant à construire son concept de conscience de l'écrit, il serait intéressant de lui présenter des volumes que l'on dit « prévisibles ». Ce matériel écrit fait référence à des volumes dont le contenu prédispose l'enfant à poser des hypothèses, lui fait découvrir facilement et rapidement le sens d'un texte (Bridge, 1979; Bridge et coll., 1983; Chandler et Baghban, 1986). Ils ont spécialement pour but de laisser prévoir ce qui est écrit et d'y trouver rapidement confirmation de l'hypothèse qu'établit l'enfant sur ce qui pourrait être écrit. Pour qu'un livre soit « prévisible », Rhodes (1981) dit qu'il doit répondre à certaines caractéristiques :

1. L'enfant peut anticiper ce que l'auteur fait ou dit et comment il va le faire ou le dire.

   Exemple :
   Voici mon... nez (l'illustration montre un enfant pointant du doigt son nez)
   BRUNO, O., *Je sais lire.*

2. L'emploi d'un modèle syntaxique répétitif et/ou cumulatif, et l'emploi de rimes.

   Exemple répétitif
   Qui veut m'aider à semer le blé ? demande la petite poule rouge.

   - Pas moi, dit le canard.
   - Pas moi, dit le chat.
   - Pas moi, dit le chien.

   Qui veut m'aider à couper le blé ? demande la petite poule rouge.

   - Pas moi, dit le canard.
   - Pas moi, dit le chat.
   - Pas moi, dit le chien.

   _______, (1989), La Petite Poule Rouge

   Exemple cumulatif
   La neige tombe.
   La neige tombe sur la maison.
   La neige tombe sur la montagne.

   MALOU, *La neige*, Coll. Moustique, 1981, pp. 1-5.

   Exemple de rimes
   « certains trolls sont ramoneurs et d'autres ingénieurs ».

   GREEN, J. F., *Un troll, c'est drôle !* Ed. Schaloster, Richmond Hill, (1982).

3. La présence d'une bonne association entre le texte et les illustrations.

   Exemple
   Dans le coffre, il y a aussi deux chapeaux.

   WOLDE, G., *Titou se déguise,* Coll. Dupuis, (1971), p. 10.

4. La familiarité de l'histoire pour l'enfant.

   Exemple
   Le déguisement présenté dans le volume cité antérieurement est une activité connue de l'enfant.

5. La présence de séquences familières comme les jours de la semaine, les nombres, des historiettes avec des actions bien définies, des devinettes.

   Exemple
   Dans *Titou se déguise*, l'enfant est en présence d'une quinzaine de séquences qui débutent par la découverte du coffre, l'habillement graduel avec tout ce qui s'y trouve jusqu'au déshabillement où les acteurs retrouvent leur identité.

L'exploitation de ce matériel de lecture peut se faire à l'oral par la façon de poser les questions et par l'utilisation de structures syntaxiques qui invitent l'enfant à faire des prévisions, comme :

Je peux.........................
Je vois un(e).................
J'aime...........................
Nous aimons.................
J'aime faire...................
Le...........est un............
La...........est une..........
Je veux.........................

Un autre modèle plus élaboré peut être utilisé :

Mon (ma)........................favori(te) est.................................
L'année dernière j'ai eu..................ou visité.......................
Mon premier souhait est de ....
Mon ami préféré s'appelle..

Il existe aussi des procédés techniques qui ont pour but d'inciter l'enfant à établir des hypothèses, ce sont :

a) La cache : Une petite porte cache le mot attendu.

b) L'indice : L'utilisation d'une couleur dans l'ensemble d'un dessin en noir et blanc peut suggérer la bonne réponse. Dans l'exemple « Voici mon **nez** », le nez est de couleur jaune.

c) Le pictogramme : Une image remplace le mot.

Voici B.B. Ours. 

Un drôle de petit ours dont le 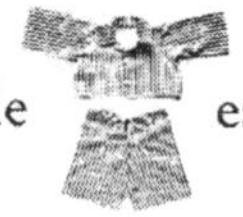 est

l'habit préféré. Il adore son douillet petit

 pour y faire la grasse matinée.

________ (1994), *L'anniversaire de B. B. Ours*. Éd. Mango.

Une façon effective d'exposer les enfants à plus d'écrit, à de l'écrit qui les amène à prévoir les mots et le sens des phrases, est de construire des livres avec eux en classe. Voici quelques exemples d'activités qui peuvent se réaliser avec les enfants :

a) Prendre des histoires connues et en refaire sur la même base avec les enfants en demandant à ces derniers de les illustrer. Exemple : Partir du livre *Les bottes de la grande Sarah* et faire un livre sur « les bottes du grand Pierre ».

b) Utiliser de vieux volumes et, à partir des illustrations, écrire de nouveaux textes dictés par les enfants.

c) On peut recycler les vieux calendriers pour faire des livres. Vous avez, par exemple, un calendrier dont les images sont des photos d'animaux; les découper, les coller sur des cartons plus larges et écrire des phrases à compléter sur chaque page comme :

- Voici un .... (chat).
- Il .... (boit) du lait.
- Etc.

Vous pouvez laminer ces pages et les relier avec des anneaux.

d) Un livre prévisible qu'il est intéressant de réaliser est « Les enfants de la classe ». Placer la photo de chaque enfant et sous chacune d'elles écrire des phrases comme :

- Voici .... (Marie).
- Elle a .... (x) ans.
- Ses cheveux sont .... (bruns, frisés, longs, etc.)

On peut aussi varier le modèle de phrase à inscrire pour chaque enfant.

e) Les enfants aiment bien construire des volumes ayant la forme d'un objet (coeur) ou d'un animal (chat, chien, tortue). Si, par exemple, vous travaillez sur les poissons, découpez plusieurs pages de la forme d'un poisson et sur chacune d'elles écrivez des phrases qui formeront une histoire en s'inspirant de modèles déjà édités.

Exemple :
Gros poisson, gros poisson,
Qu'est-ce que tu vois ?...
Etc.

f) Utiliser également les techniques proposées, soit la cache, l'illustration, le dessin pour réaliser des volumes qui développent l'anticipation.
La production de ces volumes permet d'augmenter l'exposition à de l'écrit prévisible et ces volumes peuvent se réaliser selon un format habituel, mais on peut aussi de cette façon produire de grands livres.

Le grand livre

C'est l'idée de « partage » lors de la lecture d'histoires qui a amené Holdaway (1979) à proposer un matériel qui conviendrait mieux à la situation de la classe, la situation de groupe. Le partage dans une situation scolaire a inspiré cet auteur à utiliser des agrandissements (par épiscope) de livres pour mieux s'ajuster à un groupe d'enfants. D'où la naissance du grand livre comme matériel pédagogique pour la lecture d'histoires.

Le grand livre présente des particularités intéressantes : des illustrations plus grandes, des caractères d'imprimerie plus larges, permettant donc au texte d'être vu plus facilement par un groupe d'enfants qui y retrouveront une certaine intimité lors de la lecture. Les principes qui sous-tendent les textes prévisibles sont ordinairement présents dans les grands livres. La dimension fonctionnelle de l'écrit s'y retrouve également. La lecture de grands livres est marquée par une double expérience : un partage avec les autres et une expérience individuelle ordinairement couronnés de succès avec un minimum d'effort (Strickland et Morrow, 1990b; Cassady, 1988). Ces effets positifs, que l'on retrouve en groupe lors de la lecture d'un grand livre, encouragent l'enfant à poursuivre d'autres explorations (Trachtenburg et Ferrugia, 1989; Combs, 1987). À la suite de ces expériences partagées, les enfants peuvent s'engager dans différentes activités, tels des jeux dramatiques, des activités d'art qui pourraient être enregistrées sur cassette, vidéo, fournissant ainsi des modèles de lecture pour les enfants (Morrow, 1989).

Les maisons d'édition commencent à offrir ce matériel pédagogique, mais il est possible aussi, comme le faisait Holdaway avec son épiscope, de créer ses propres « grands livres », surtout lorsque l'on veut présenter aux enfants des histoires qu'ils affectionnent et qui ne sont pas éditées dans ce format, ou pour qu'ils créent leurs propres histoires, comptines, selon les besoins des enfants et des activités.

Comment utiliser le grand livre

Comme il a été signalé précédemment, le grand livre est un outil pédagogique qui favorise la lecture avec des groupes d'enfants. Il n'est donc pas conseillé d'offrir ou d'utiliser seul ou en tête-à-tête à cause de la difficulté de manipulation d'un volume de cette grandeur avec un enfant.

Le grand livre est recommandé avec des petits groupes de 2 à 8 personnes mais il peut aussi être efficace avec un groupe composé de 20 ou 25 enfants. Le grand livre sera utilisé avec des enfants dont l'âge se situe entre deux et cinq ans ainsi qu'avec des enfants des trois premières années du primaire (Strickland et Morrow, 1990b).

Pour être efficace, la lecture avec ce matériel doit suivre une certaine démarche. Deux volets sont à considérer. Un premier qui fait ressortir une dimension technique nécessaire à la réussite de l'activité.

Aspect technique de la démarche

Placer le livre sur un support pour en faciliter la manipulation.

Utiliser un bâton-guide pour aller de gauche à droite et pour désigner des choses précises.

Le lecteur droitier place le livre à sa gauche, et vice versa s'il est gaucher, pour cacher le moins possible de texte.

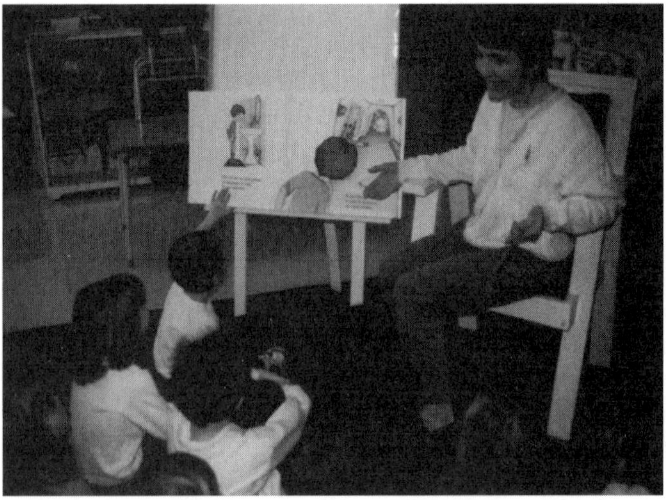

Un deuxième volet, axé sur la pédagogie, sera utilisé quand on voudra aller plus loin que la lecture pour le plaisir.

Aspects pédagogiques de la démarche

Faire une lecture entière du texte.

Relire en interagissant avec le texte.

Se préoccuper de favoriser l'anticipation.

Utiliser des stratégies qui conduisent à la reconnaissance de mots déjà connus à l'oral.

Sensibiliser les enfants à percevoir les groupes de mots.

Demander une participation active de l'écouteur.

Le livre-cassette

Le livre-cassette présente une technique d'accès à l'écrit par l'écoute du texte. Ce matériel est encore peu présent dans les classes de maternelle, et c'est dommage. Il développe l'attention, le lien entre l'oral et l'écrit car l'enfant suit dans le livre l'histoire qu'il écoute. En présentant des textes variés enregistrés sur cassettes, l'enfant reçoit des modèles de lecture avec tons et intonations différents, ce qui rend le lecteur débutant plus sensible à la fluidité et à la signification d'un texte lu. De plus, cette activité rend l'enfant plus enclin à considérer la lecture comme plaisante, ce qui accroît sa motivation. Le livre-cassette permet également à l'enfant de lire ou de relire seul une histoire. Mais, pour être réussie, cette activité demande une certaine autonomie, un protocole d'utilisation. Un système de classification de ce matériel doit aussi être présenté à l'enfant. Nicole Girard (1983), dans une monographie intitulée *Le livre-cassette,* présente une démarche globale qui va de sa réalisation à son mode d'utilisation, de conservation et de classification. Je n'élabore pas sur cette démarche pédagogique facile à consulter.

Lorsqu'on possède un bon échantillonnage de livres-cassettes, il est suggéré de réserver un espace pour cette activité, de l'identifier « Bibliothèque Sonore » (Delhaxhe et coll., 1990) et de l'offrir au choix des enfants durant la période de jeu libre.

Les livres-cassettes ou la bibliothèque sonore sont des incitatifs à lire. Voici un exemple d'exploitation du livre-cassette observé dans une classe de maternelle.

Le thème central des activités était sur les animaux de la savane. L'enseignante venait de lire un livre sur les zèbres. Elle demande : *Savez-vous pourquoi les zèbres ont des rayures ?...* Silence... Elle ajoute *: S'il y a des enfants qui sont intéressés à le savoir, vous n'avez qu'à aller dans le coin d'écoute et à lire l'histoire du « zèbre qui se posait des questions folles ». Quand vous aurez la réponse, ne la dites pas à vos amis.*

L'intervention indirecte de l'enseignante est ici évidente. Elle incite à utiliser ce matériel en piquant leur curiosité, en posant un problème à résoudre, en utilisant l'humour pour motiver l'enfant à lire.

Il est à noter que les livres-cassettes que l'on trouve sur le marché ne sont pas toujours pertinents pour atteindre l'objectif poursuivi, soit amener les enfants à devenir des lecteurs de plus en plus habiles. À cette fin, il est suggéré de sélectionner un matériel de création, ou, en s'inspirant au besoin de productions existantes, créer ses propres livres-cassettes mieux adaptés à des besoins spécifiques identifiés.

L'atelier d'écriture

En plus de posséder une organisation qui donne accès à la lecture, la classe de maternelle doit proposer à l'enfant un espace aménagé pour des activités qui l'inciteront à produire de l'écrit. Ce genre d'atelier est peu privilégié à l'heure actuelle (Thériault et coll., 1987). Selon Ferreiro et Teberosky (1982), l'enfant apprend les règles qui régissent l'écrit en ayant la possibilité de produire de l'écrit de plus en plus évolué et qui s'apparente davantage à la production de l'adulte, à mesure que l'enfant comprend les règles du système d'écriture.

Un atelier d'écriture est un espace où la présence d'un certain matériel incite l'enfant à écrire. Ce matériel devrait être facilement accessible, et attrayant (Morrow, 1991). On devrait y trouver une table, quelques chaises, du papier de différentes grandeurs, des crayons à mine, de couleur, à traits minces et à traits gras, des stylos-feutres, un tableau, de la craie. Strickland et Morrow (1988) suggèrent également de placer dans ce lieu une chaise « auteur » pour permettre à l'enfant scripteur de s'y asseoir lorsqu'il lit sa production aux autres. Les enfants aiment partager leurs écrits avec les autres enfants.

Chaque enfant devrait posséder une chemise identifiée à son nom pour conserver ses écrits. Un matériel pour faire des livres devrait aussi être accessible, comprenant du papier de construction pour la couverture,

des feuilles blanches pour l'intérieur, des ciseaux et une brocheuse. On pourrait aussi fournir une boîte où seraient rangés des illustrations, des journaux... qui peuvent servir à décorer des volumes faits par les enfants.

Le matériel de cet espace comprend aussi une charte des lettres de l'alphabet pour consultation selon les besoins, un tableau d'affichage pour placer les productions écrites, ou un mot, une phrase, un titre de livre, un écrit de l'environnement, un message, une boîte des mots les plus souvent utilisés pour répondre aux besoins des enfants... C'est aussi dans cet espace que seront placés un matériel d'imprimerie, une machine à écrire, un ordinateur.

Il n'est cependant pas assuré que l'environnement identifié « atelier d'écriture », où l'on trouve un matériel spécifique, incite tous les enfants à produire de l'écrit. Certains ont tellement envie d'écrire qu'ils seront contents d'avoir enfin cette possibilité. Pour d'autres, la situation est différente; ils ne savent pas quoi écrire. Ferreiro dit que, pour comprendre la structure de notre système d'écriture, il faut écrire. L'éducateur doit donc aider les enfants à se sentir de plus en plus à l'aise avec cette forme d'expression. Il faut de temps à autre les inviter, les orienter, et même leur demander de produire telle ou telle chose...

1. Inviter l'enfant à écrire son prénom, parler avec lui de cette production pour qu'il devienne conscient des différentes parties qui le composent. Il peut le copier, bien le copier, et ne pas comprendre la logique qui se retrouve à l'intérieur de la production de son prénom.

2. L'inviter à écrire des mots, des phrases, des histoires avec ce qu'il connaît du système d'écriture : gribouillis, pseudo-

lettres, les quelques lettres qu'il connaît. L'inviter à se dépasser, à progresser.

3. Profiter des activités, des thèmes étudiés pour inviter l'enfant à produire sur ces thèmes.
4. L'inviter à produire des petits livres d'histoires.
5. Permettre de copier des mots s'il le désire.
6. L'éducatrice doit favoriser également la production collective de textes, production qui peut se réaliser dans l'atelier d'écriture :
   - Un journal de classe;
   - Des livres sur les thèmes étudiés comme :
     - Un livre sur le jardin zoologique;
     - Un livre sur la classe de neige;
     - Un livre sur les dinosaures;
     - La réalisation d'un poème;
     - La réalisation d'une comptine;
     - Une lettre à la directrice, à une amie d'une autre classe;
     - Autres projets.

Le matériel édité

Il existe sur le marché un matériel édité qui a pour but, semble-t-il, de contribuer au développement de la lecture et de l'écriture. Que faut-il penser de ce matériel ?

Ce matériel est ordinairement beau, esthétiquement bien fait, très attirant pour l'enseignante et pour l'enfant. Il possède souvent des éléments qui jouent positivement sur la motivation de certains intéressés. Il est donc très tentant de se le procurer. Mais attention, utiliser ce matériel, c'est peut-être tomber dans le piège de la facilité. Même si les énoncés théoriques qui sous-tendent les activités liées à l'utilisation de ce matériel semblent être dans la lignée des travaux récents, il n'est pas certain qu'il atteigne les objectifs que nous poursuivons à la maternelle, soit amener les enfants à se construire une pensée par rapport à la lecture et à produire un écrit spontané qui conduit à la compréhension et à l'utilisation de notre système d'écriture.

Si ce matériel s'accompagne de cahiers d'exercices pour l'enfant, on agit alors en opposition avec nos convictions. Il ne s'agit plus de l'enseignement informel qui stimule l'enfant à chercher à comprendre le sens et les fonctions de l'écrit de son environnement, lesquels se manifestent différemment selon chaque enfant. Le cahier d'exercices, c'est de l'enseignement formel, c'est une production identique, dans un cadre rigide qui souvent démotive et est loin d'assurer le succès scolaire. De plus, ce matériel est habituellement coûteux, et le coût du cahier d'exercices devient problématique pour plusieurs familles.

Il semble, et nous ne sommes pas seule à partager cette opinion, qu'il serait plus efficace de consacrer ces sommes d'argent à l'achat de volumes. Pour aimer lire, il faut lire et pour lire, il faut des livres !

Nous encourageons donc les enseignantes à être plus créatrices et à organiser des environnements stimulants en utilisant ce que nous trouvons dans notre environnement. Et si certaines achètent néanmoins ce matériel, de grâce, ne vous conformez pas à la seule démarche proposée. Utilisez ce matériel selon votre perception et les besoins des enfants. Le fait qu'un matériel ait été approuvé par le ministère de l'Éducation ne signifie en rien qu'il est obligatoire et que la commission scolaire se doit de l'acheter. Cet *imprimatur* signifie seulement qu'il répond à certains critères.

Une classe maternelle riche en écrit

L'énumération et la description du matériel qui doit se retrouver dans l'aire de la communication écrite et dans les aires de jeu symbolique font ressortir l'importance d'un environnement riche en écrit. Ces lieux ne sont cependant pas les seuls à privilégier. Il est bon d'envisager la présence de l'écrit dans une perspective plus globale de la classe de maternelle. On s'attend donc à retrouver dans la classe des écrits comme :

Des étiquettes pour identifier les divers ateliers;
Des étiquettes pour illustrer les routines;
Le calendrier des jours et des événements;
Le tableau du choix des ateliers;
Les tableaux d'honneur;
L'affichage de la production écrite des enfants;
Etc.

L'écrit a également sa place dans l'aire des sciences. Si l'on travaille sur les dinosaures, il importe d'avoir des livres qui racontent la vie de ces animaux, des photos et des miniatures les représentant, des cartes identifiant chaque catégorie, etc. L'écrit a aussi sa place dans l'aire d'expression artistique, dans le coin musique, dans l'aire des blocs et des jeux de construction, de mathématiques, partout.

En bref, le langage, la lecture et l'écriture doivent pouvoir se manifester dans les lieux où se déroulent les activités de la classe de maternelle. Ce souci d'un environnement riche en écrits de toutes sortes doit également se retrouver dans les classes du primaire, surtout chez les lecteurs débutants. Que penser d'une classe de première année où l'on peut observer les écrits suivants :

La charte de l'alphabet au-dessus du tableau;

Les lettres « G » et « g » tracées de façon très visible sur le tableau;

Une liste de dix mots de vocabulaire commençant par cette lettre (au tableau);

Le mot « SILENCE » en arrière de la classe dans un espace réservé à la catéchèse;

Sur un babillard, une photo d'un chat et une autre d'un chien sous lesquelles était écrit leur nom;

Aucun volume à part le manuel de base en lecture.

Comment l'enfant peut-il construire son savoir sur l'écrit dans un environnement dépourvu de stimuli appropriés ? Comment peut-il développer des attitudes positives envers la lecture et la production d'écrits et prendre l'habitude de lire dans un univers vide d'écrit ?

FAVORISER LA COMMUNICATION ORALE POUR DÉVELOPPER LA COMMUNICATION ÉCRITE

Bien que le développement du langage oral ne soit pas le propos du présent document, il semble important, étant donné les liens communs que les recherches ont démontrés entre la communication orale et écrite de rappeler la place du langage oral dans le développement de l'écrit et de montrer brièvement le souci que l'enseignante de classe de maternelle doit avoir pour ces deux formes de communication.

Il est juste de dire que le langage oral est un véhicule pour le développement de l'écrit (Mandel-Glazer, 1989). Les enfants qui ont fait l'objet d'études sur les lecteurs précoces venaient de familles où le langage et la communication adulte-enfant avaient une place privilégiée. Les interactions parent-enfant qui se pratiquent lors de la lecture d'histoires en est un exemple, et les effets bénéfiques de la lecture d'histoires contribuent autant au développement du langage qu'au développement de l'écrit : acquisition de vocabulaire, structure de la phrase, etc.

Comme le rappelle le document de MÉQ (1982) *Le langage au préscolaire*, le développement de la communication orale de l'enfant de cinq ans se réalise en tout temps et en tout lieu à la maternelle, plus par l'interaction enfant-environnement (enfant-enfant, enfant-adulte, enfant-matériel) que par l'utilisation d'un matériel spécifique.

Tous les objets de l'environnement et les actions qu'ils suscitent deviennent donc des supports à la construction du langage oral du jeune enfant et c'est l'interaction de l'enfant avec ce matériel et l'intervention de l'enseignante qui favoriseront la production langagière de l'enfant et sa communication. Il ne serait donc pas nécessaire de trouver à la maternelle une aire spécifique consacrée au langage oral, car celui-ci se retrouve dans les aires réservées à la communication écrite, à l'ensemble des activités du lire-écrire et à toutes les autres activités qui se réalisent en classe de maternelle.

L'enseignante a donc davantage besoin de posséder les données théoriques de base pour l'aider à observer, à susciter, à orienter le langage de l'enfant que d'un matériel précis, même si les maisons d'édition offrent des produits intitulés « Jeux de langage ».

Pour construire son langage, l'enfant doit parler et communiquer. À part la communication informelle de l'enfant avec ses pairs ou avec son enseignante, il faut identifier, à la maternelle, des situations pédagogiques où l'on retrouve une possibilité de parler, d'écouter, de communiquer, d'échanger...

Il existe présentement un modèle d'éducation langagière où se retrouvent deux types d'activités ou de situations pédagogiques. La première activité que l'on connaît bien, est « la causerie ». Traditionnellement, cette activité avait pour objectifs l'interaction verbale et l'échange avec d'autres participants, la mise en commun des expériences de la vie quotidienne, la prise de conscience du groupe et l'appartenance. En plus d'apprendre à converser, à échanger, le langage aide ici à la socialisation. La seconde activité se réfère au travail en atelier dans lequel l'intégration langagière se fait de façon informelle, et dont l'objectif est moins la production langagière que la compréhension et la réalisation d'un produit par l'enfant.

La recherche de Florin et coll. (1985) indique que, dans les deux situations, de l'atelier et de la causerie, c'est l'enseignante qui parle davantage. Son intervention poursuit des objectifs différents et engendre une production langagière également différente. Voyons comment s'orientent les paroles de l'enseignante dans l'atelier et la séance de langage.

L'atelier	**La séance de langage (causerie)**
1. L'enseignante parle individuellement à l'enfant ou à quelques-uns.	1. L'enseignante parle à la collectivité des enfants.
2. Elle donne de l'information sur ce que l'enfant fait ou doit faire.	2. Elle donne de l'information et essaie de faire parler les enfants; elle pose des questions.
3. Elle parle pour faire AGIR l'enfant.	3. Elle parle pour faire PARLER l'enfant.
4. Les enfants parlent entre eux.	

Tiré de : THÉRIAULT et coll. (1987a). *Le potentiel et la pertinence du matériel éducatif des classes maternelles*, p. 120.

Rappelons maintenant que la séance de langage, ou causerie, sera différente selon que l'on privilégie l'information à transmettre ou que l'on a pour objectif de susciter la conversation, l'échange.

Dans une activité de langage où l'information prime, c'est ordinairement l'enseignante qui parle et qui contrôle le contenu. Ce discours s'élabore souvent à partir d'un thème, d'une histoire, d'une illustration, d'un objet, d'un fait, d'une situation. Les questions posées sont très reliées à ce contenu et ont tendance à être fermées. On utilise souvent une forme de question qui provoque une seule réponse. Cette réponse est donnée par un mot. Dans cette séance de langage, les réponses viennent en général des enfants les plus rapides, de ceux qui parlent déjà beaucoup.

Dans la séance de langage plus conversationnelle, on donne à l'enfant le rôle d'animateur, c'est lui qui fournit le contenu, lequel traduit ses expériences, son environnement familial et social, ses goûts, ses opinions et ses émotions. En donnant ce rôle à l'enfant, l'enseignante se donne un recul qui l'aide à observer les enfants et à susciter une production langagière du plus grand nombre d'entre eux et à utiliser des questions qui amènent des réponses plus variées et plus personnelles.

Ces deux séances de langage à caractère informatif, ou à caractère conversationnel, poursuivent des objectifs différents et sont à retenir. Cependant, il nous semble que celle qui est centrée sur la conversation devrait recevoir une attention spéciale. Elle serait plus favorable à une production langagière variée tant par son contenu que par la participation des enfants. Mais, selon Florin et coll. (1985) et Goulette (1989), la séance « conversationnelle » d'un auditoire de 20 enfants ne règle pas le problème des enfants qui ne parlent pas ou très peu. Ces auteurs suggèrent d'organiser, en plus, des activités de langage avec des petits groupes, de quatre ou cinq enfants à la fois. Ces groupes devraient, quelquefois, être homogènes afin de permettre à ces enfants de s'exprimer. Placer un « parleur » avec trois enfants peu enclins à parler permet au premier d'être vedette et marginalise souvent les timides. Parfois le groupe sera hétérogène pour que celui qui parle beaucoup serve de modèle aux timides.

On doit apporter une attention spéciale au contenu d'une activité de langage, mais l'attention de l'enseignante devrait se porter aussi sur les modalités de participation des enfants. Florin et coll. (1985), dans l'étude qu'ils ont réalisée sur le langage à l'école maternelle, rapportent que les enseignantes font peu pour stimuler la participation des enfants. Ces auteurs ajoutent : « Si les enseignantes sont souvent directives relativement au contenu de la séance, elles font preuve d'un grand libéralisme quant à la participation. » Or, cela est préjudiciable aux enfants lents, timides, peu enclins à parler en groupe parce qu'il s'en trouve toujours d'autres plus rapides, plus bavards, pour prendre la parole.

En atelier, en plus de parler pour faire agir, d'aider à réaliser un projet, il faudrait élaborer des stratégies qui amènent l'enfant à expliquer comment il a fait pour réaliser telle étape, pourquoi il a choisi tel matériau, quelles difficultés il a rencontrées.

On ne dira jamais assez que les activités de langage à la maternelle ne s'improvisent pas. À cette fin, on pourrait, pour mieux structurer les activités de langage, centrer la réflexion et la pratique sur l'aspect fonctionnel du langage (MÉQ, 1982) et sur l'habileté à poser des questions variées, des questions qui sont des défis, qui amènent l'enfant à résoudre les problèmes. Le modèle d'Halliday présenté pour soutenir le développement de l'écrit sert également pour le développement du langage oral.

Rappelons, encore une fois, que tous les objets de l'environnement, l'ensemble du matériel éducatif de la classe maternelle, jeux de tables, poupées, marionnettes, livres, camions, blocs, matériel de science constituent un matériel de base pour susciter et stimuler la production langagière. Un matériel identifié « Jeux de langage » peut être utile, mais il ne possède pas d'une façon intrinsèque un pouvoir qui assurerait la manifestation de langage et la conversation avec les autres.

Les enfants apprennent à parler en agissant, à travers des interactions sociales, variées, nombreuses, de plus en plus complexes avec des pairs, avec des enfants plus âgés et avec des adultes. Le contact avec les livres, la lecture d'histoires, les activités du jeu symbolique sont des situations où l'on peut observer l'influence de la communication écrite sur le langage oral et vice versa.

LE RÔLE DES INTERACTIONS VERBALES ENTRE DES PAIRS ET AVEC L'ENSEIGNANTE DANS LE DÉVELOPPEMENT DE L'ÉCRIT

Un environnement riche en écrit n'est pas suffisant pour que l'enfant comprenne. Il faut répondre à son questionnement concernant l'écrit pour qu'il émerge, pour qu'il progresse avec succès vers une acquisition de plus en plus complexe et complète de sa connaissance et de son pouvoir sur l'écrit. Les interactions verbales avec ses pairs, avec des enfants plus âgés, jouent un rôle dans la construction de ce savoir. Mais ce sont surtout les interactions verbales qu'il a avec l'adulte qui le poussent à penser, à argumenter. Ces interactions ont un impact des plus positifs sur la réussite en lecture et probablement sur la réussite scolaire.

Les interactions verbales entre pairs

L'utilisation du jeu de rôle est probablement l'activité qui fait le mieux ressortir l'importance des pairs dans le développement de l'émergence de l'écrit. Prenons comme exemple la situation du « cabinet du vétérinaire » L'enfant-client, en amenant son « toutou » chez le vétérinaire, se trouve en situation de dyade avec le préposé à l'accueil qui écrit ou fait semblant d'écrire l'information sur l'animal. Cette situation peut aussi demander plus d'explications : « Combien ça fait de temps qu'il a eu sa piqûre (son vaccin) ? », ou faire naître un désaccord : « C'est pas comme ça que son nom s'écrit. » L'enfant rencontre ensuite le vétérinaire. Dans cette deuxième dyade, il peut y avoir discussion sur les malaises de l'animal, la situation peut faire naître un dialogue entre le vétérinaire et le propriétaire du toutou sur le médicament proposé ou le repos suggéré. Ces échanges verbaux avec un partenaire suscitent une réflexion sur sa propre communication et constituent ce que les auteurs appellent un métalangage, lequel favorise le développement du langage oral et écrit.

D'ailleurs, les études sur l'interaction entre pairs (Doise et Mugny, 1981; Stambak, 1987) tiennent une place majeure dans la recherche sur le développement socio-cognitif depuis les années 1970. Elles font ressortir toute la dimension sociale qui se retrouve dans la construction de la connaissance et montrent la nécessité du point de vue de l'autre dans la formation de sa propre pensée. Dans les situations de lire-écrire, les enfants s'aident mutuellement à résoudre les problèmes qui se présentent à eux en lien avec :

La conception de la communication écrite.

Les fonctions du système de lecture-écriture.

La nature de la tâche.

La manière de devenir lecteur-scripteur.

Les interactions verbales adulte-enfant

Même si elles sont utiles, nécessaires, et donnent des résultats supérieurs au travail individuel, les interactions de nature symétrique, c'est-à-dire se réalisant entre individus de même compétence, sont tout de même moins significatives pour l'apprentissage que les interactions asymétriques, adulte-enfant et enfant-enfant plus âgé (Musatti, Verba, Winnykamen, 1987). L'adulte, par le style de questionnement qu'il adopte, peut, d'une façon indirecte, confronter l'enfant quant à la réponse apportée pour résoudre un problème. Il peut le faire réfléchir, le pousser à aller plus loin, à argumenter. Ce genre d'intervention sera plus efficace si l'enfant est placé dans des situations de conflits, de résolution de problèmes.

Comme l'écrit Zimmermann (1987), dans la conclusion de la première partie du volume *On n'apprend pas tout seul,* dans un modèle constructiviste et socio-constructiviste, il faut mettre de l'avant une pédagogie interactive, une pédagogie qui favorise l'expression et la participation de chacun en suscitant la confrontation. Si l'adulte est convaincu que l'enfant construit lui-même son savoir, il utilisera alors des stratégies plus efficaces que celles qu'utilisent les pairs pour amener l'enfant à réfléchir parce que :

L'adulte possède un réservoir de connaissances et d'expériences plus vaste;

L'adulte ne donne pas la réponse; il amène l'enfant à chercher, à douter, à confronter sa solution, à l'expliquer;

L'adulte amène l'enfant à faire des liens, à utiliser ses connaissances;

L'adulte sait accepter la réponse de l'enfant et ne rejette pas du revers de la main la solution trouvée par l'enfant seul ou en groupe;

L'erreur de l'enfant est vue d'une façon positive, c'est même une nécessité pour grandir.

Ces stratégies sont la base d'un enseignement efficace, d'un enseignement qui sait tirer parti de ce que l'environnement physique donne, qui sait créer des situations de travail d'équipe avec de très jeunes enfants.

L'émergence de l'écrit progresse avec des adultes qui sont des agents de médiation et de confrontation dans un environnement où l'écrit est stimulant, apprenant ainsi à agir avec cet objet de connaissance pour devenir un lecteur de plus en plus habile.

Chapite 4

Savoir observer pour aider l'enfant à progresser dans sa démarche d'émergence de l'écrit

Dans le titre de cet ouvrage, l'enfant dit qu'il a « besoin d'aide » pour apprendre à agir avec l'écrit. Plusieurs enseignantes de classes de maternelle signalent que certains enfants ont des connaissances assez précises concernant la lecture et l'écriture lors de leur arrivée à la maternelle et que le fait de leur fournir un environnement propice à un développement continu de l'acte de lire leur assurera un passage harmonieux en première année. Ce savoir agir avec l'écrit les place sur la voie de la réussite.

En revanche, d'autres enfants se situent tellement au début du continuum d'émergence de l'écrit qu'ils ont besoin d'un soutien précis, constant et répétitif pour se retrouver en début de première année dans une position favorable à la réussite scolaire. Aussi, pour orienter ces enfants d'une façon pertinente, il faut pouvoir évaluer le savoir de chacun pour mieux guider leurs efforts de construction de connaissances et d'habiletés sur le lire-écrire.

Mais évaluer quoi ? Comment et pourquoi est-il utile d'avoir un aperçu des connaissances de l'enfant sur l'écrit lorsqu'il fréquente la maternelle ? C'est ce que nous essaierons d'expliquer maintenant.

SAVOIR OBSERVER L'ENFANT LECTEUR-SCRIPTEUR

Pour répondre à ces questions, il est important de se positionner face au terme évaluation. Notre souci principal étant d'aider l'enfant à progresser, il semble, selon les spécialistes de l'évaluation, qu'évaluer dans cette perspective c'est utiliser l'évaluation formative. Cependant, dans le présent document, nous n'utiliserons pas spécifiquement la terminologie précise de cette forme d'évaluation. Nous concentrerons notre préoccupation sur le savoir observer un lecteur-scripteur. Pour y arriver, trois actions sont à considérer :

a) Savoir recueillir des données;
b) Savoir les interpréter;
c) Savoir prendre les décisions qui s'imposent.

Cette évaluation des connaissances de l'enfant doit s'appuyer sur la philosophie qui soutient la conception de la lecture et de l'écriture telle que définie dans le chapitre 2, et qui se retrouve également dans les composantes pédagogiques proposées. Dans cette perspective, on se souviendra que l'enfant est l'intervenant actif de l'échafaudage de sa connaissance et l'enseignante, un guide dans ce cheminement. Évaluer la conscience de l'écrit comprend donc les deux facteurs suivants :

Un enfant qui s'apprend à lire et à écrire.
Une enseignante qui guide cet apprentissage.

On peut ajouter une enseignante qui s'observe dans son rôle de guide afin de juger de la pertinence de ses interventions. Il y a donc un mouvement d'action et de rétroaction dans cette préoccupation d'évaluer la connaissance de l'écrit du jeune enfant.

SAVOIR RECUEILLIR DES DONNÉES

Le recueil de données qui doit révéler un savoir sur l'écrit peut se faire par l'observation directe de comportements d'enfants lorsque ces derniers écoutent une histoire, regardent un livre, parlent à propos de la lecture et de l'écriture. Observer des situations réelles en classe est probablement la meilleure façon de recueillir de l'information sur les connaissances, les attitudes et les intérêts de l'enfant face à l'écrit. Quelle attention donne-t-il au livre lorsqu'il le regarde ? Est-il intéressé ou est-ce qu'il ne fait que le feuilleter ? Comment réagit-il à l'imprimé, à l'illustration ? Va-t-il souvent dans l'atelier de lecture ?, etc. Quand il produit de l'écrit, que peut-on y observer : un gribouillis, l'utilisation de pseudo-lettres, de lettres réelles ? Quels efforts met-il pour écrire des mots ? Quelles stratégies semble-t-il utiliser pour manifester sa recherche de sens ?, etc. Dans cette perspective, l'évaluation est considérée comme faisant partie naturellement du processus enseignement/apprentissage et n'est pas vue comme une activité qui s'ajoute à ce processus ou qui est imposée (Valencia et coll., 1990).

Ces observations spontanées sont conservées en mémoire ou notées dans le dossier de chaque enfant. Mais il est peut-être bon de temps à autre de recueillir des observations plus structurées qui permettent une consultation globale et rapide afin de fournir un portrait général du cheminement de l'enfant-lecteur, soit par le pointage de comportements, soit par l'utilisation de l'entrevue ou par le montage d'un portfolio.

La liste de comportements

Les écrits américains utilisent le terme *check-list* pour identifier des listes ou grilles de pointage de comportements reliés à la lecture et à l'écriture. Ces listes de pointage portent sur un ensemble de produits d'apprentissage reliés à l'écrit. Elles sont élaborées en s'appuyant sur les données de recherche qui indiquent les différentes composantes du concept de conscience de l'écrit et/ou du stade observé dans le développement de la production écrite du jeune enfant. Il y a plusieurs façons de produire une grille d'observation. Voici trois exemples de listes de comportements pour évaluer les connaissances de l'enfant sur la lecture et l'écriture.

Exemples de grilles pour l'évaluation du développement de la lecture et de l'écriture

Le premier exemple s'inspire des travaux de Morrow (1989).

	Toujours	Quelquefois	Jamais
Attitudes concernant la lecture			
De son chef, regarde ou lit des livres.	_____	_____	_____
Demande à ce qu'on lui lise.	_____	_____	_____
Écoute attentivement lorsqu'on lui lit.	_____	_____	_____
Questionne et commente sur la lecture.	_____	_____	_____

	Toujours	Quelquefois	Jamais
Les concepts sur les livres			
Sait qu'un livre c'est pour lire.	_____	_____	_____
Peut tourner les pages comme il se doit.	_____	_____	_____
Peut faire la différence entre l'imprimé et les images.	_____	_____	_____

	Toujours	Quelquefois	Jamais
La compréhension du texte			
Ses essais de lecture se traduisent en histoires logiques.	_____	_____	_____
Participe à la lecture d'une histoire.	_____	_____	_____
Redit les histoires.	_____	_____	_____

	Toujours	Quelquefois	Jamais
Les concepts sur l'imprimé			
Sait que l'imprimé se lit de gauche à droite.	_____	_____	_____
Sait que le langage peut s'écrire et se lire.	_____	_____	_____
Sait ce qu'est une lettre et peut en indiquer une.	_____	_____	_____

	Toujours	Quelquefois	Jamais
Le développement de l'écrit			
Explore le matériel écrit.	_____	_____	_____
Dicte les mots, phrases, ou histoires qu'il veut voir écrits.	_____	_____	_____
Copie des lettres et des mots.	_____	_____	_____
Sait écrire son nom.	_____	_____	_____

Le deuxième exemple, du Québec celui-là, montre une grille de comportements proposée par Pierre et Lachance (1985). Cette grille est simple, rapide à réaliser et à consulter. Un des avantages de cet outil c'est qu'il permet de situer rapidement la compétence du lecteur-scripteur :

Grille des comportements reliés à la lecture observée chez des enfants entre 4 et 6 ans

L'enfant	Oui	Non
1. prend un livre et fait semblant de lire		
2. identifie la page couverture		
3. identifie les illustrations		
4. reconnaît une lettre		
5. tourne les pages dans le bon sens		
6. commence à la première page		
7. identifie le but de la lecture		
8. connaît l'orientation de l'écrit		
9. essaie de lire l'écrit dans son environnement		
10. distingue l'écrit de l'image		
11. identifie les pages		
12. fait le retour à la ligne		
13. commence à lire au 1er mot du texte		
14. identifie le début et la fin de l'histoire		
15. reconnaît les lettres majuscules		
16. manifeste de l'intérêt pour l'écrit dans les livres		
17. reconnaît des mots dans l'environnement		
18. reconnaît des mots dans des livres		
19. reconnaît le nom des auteurs		
20. distingue entre des mots écrits à l'endroit ou à l'envers		
21. fait la distinction entre raconter et dire		
22. associe des mots		
23. identifie le point à la ligne		
24. identifie le point d'interrogation		

Grille des comportements reliés à l'écriture observée chez des enfants entre 4 et 6 ans

L'enfant	Oui	Non
1. fait des gribouillis		
2. fait des signes qui ressemblent à des lettres		
3. fait des suites de signes qui alternent entre gribouillis et lettres		
4. écrit partiellement son nom		
5. respecte partiellement la direction de l'écrit		
6. écrit son nom		
7. écrit des lettres		
8. identifie les buts de l'écrit		
9. est conscient de la séquence des lettres (C-V-C-V)		
10. écrit des suites de lettres		
11. écrit des mots identifiables		
12. distingue entre écriture et dessin		
13. écrit des groupes de mots		
14. épelle certains mots		
15. respecte l'espace entre les mots		
16. écrit des phrases simples (S-V-C)		
17. respecte la direction de l'écrit		
18. respecte la direction de l'écrit et l'espace entre les mots		
19. recopie des parties de textes dans un livre		
20. compose des courts messages avec de l'aide (cartes de souhaits, petits livres illustrés, liste d'épicerie)		

Interprétation des résultats :

1 à 5	niveau débutant
6 à 12	niveau moyen
13 à 20	niveau avancé

Interprétation des résultats :

1 à 10	niveau débutant
10 à 15	niveau moyen
16 à 24	niveau avancé

Tiré de : PIERRE, R., LACHANCE, M. (1985). *«Maman, qu'est-ce que ça veut dire ?», Québec Français*, p 44-45.

Le troisième exemple, encore du Québec, souligne l'effort de Rita Tremblay (1991) pour offrir un outil d'observation susceptible d'aider les enseignantes de classe de maternelle. L'auteure présente une grille d'observation sur sept (7) pages suivies d'une feuille de synthèse et d'une autre feuille adressée aux parents. Les comportements à observer sont regroupés selon les quatre (4) éléments suivants :

1. Connaître l'existence de l'écrit;
2. Connaître les fonctions de l'écrit;
3. Connaître les conventions de l'écrit;
4. Connaître les concepts de l'écrit.

Voici un exemple d'une feuille d'observation de la grille de Tremblay :

Évaluation de la conscience de l'écrit

Grille d'observation

Connaître l'existance de l'écrit	**noms et dates:**							**Remarques Précisions**
L'enfant est conscient que le langage écrit parle, renseigne, donne du sens aux choses. Le langage écrit est porteur de sens.								
• Écoute avec intérêt contes, histoires, etc.								
• Aime regarder des images et des livres								
• Prend un livre et fait semblant de lire								
• Essaie de découvrir de quoi un livre parle								
• Raconte de nouveau une histoire connue								
• Manifeste le goût de lire								
• Différencie raconter de lire								
• Etc.								

Légende: **S**-souvent, **P**-parfois, **R**-rarement

Tiré de : TREMBLAY, Rita (1991). *Un parti pris pour la communication* (document inédit).

Cette grille d'observation a l'avantage de rappeler, sur chaque feuille, le lien entre ce que l'enseignante doit savoir théoriquement sur la conscience de l'écrit et ce qu'elle doit observer lorsqu'un enfant manifeste cette conscience. Cependant, sa présentation et son mode de compilation sont un peu lourds.

Ces trois façons de préparer une grille d'observation de comportements de lecteurs fournissent suffisamment d'information pour permettre la création d'un document original pour recueillir rapidement l'information utile afin d'aider l'enfant à progresser.

L'entrevue

Une autre façon de recueillir des données en vue d'évaluer les connaissances que l'enfant possède est de procéder par entrevue. Pour cette activité, il est permis de se faire aider par un parent ou un élève de fin du primaire. L'entrevue est un outil différent de l'observation par le pointage de comportements. Au lieu de lister des comportements, de se centrer sur des produits, cet outil évalue davantage le processus d'apprentissage. Cette rencontre donne de l'information sur la conception que l'enfant se fait de la lecture, elle permet de comprendre comment l'enfant s'y prend pour lire et écrire, de rendre compte des connaissances, des attitudes, des habitudes de l'enfant, etc.

Pour réussir cette activité il faut savoir questionner. Une question qui commande la réponse « oui » ou « non » ne donne pas nécessairement une information suffisante à une prise de décision qui soit vraiment utile au progrès de l'enfant.

Voici des exemples de questions à utiliser en entrevue :

1. Conception et fonction de la lecture :
   - Peux-tu lire ailleurs que dans un livre ?
   - À quoi ça peut servir de savoir lire ?
   - Prends ce livre et lis. (Noter s'il a le sens de l'orientation, s'il s'appuie sur l'illustration pour donner du sens, etc.).
   - Etc.

2. Conception de l'écrit :
   - Peux-tu écrire ton nom ?
   - Parle-moi des lettres et des sons que tu entends quand tu dis ton nom.
   - Peux-tu écrire des lettres que tu connais ?
   - Peux-tu écrire des mots que tu connais ?
   - Peux-tu faire un dessin ?
   - Pourquoi est-ce différent de faire un dessin et d'écrire des mots ?
   - Montre-moi, dans ce livre, des mots que tu connais.
   - Etc.

D'autres questions peuvent permettre d'évaluer les intérêts et la motivation de l'enfant à lire et à écrire.

Le portfolio

Pour observer la connaissance que l'enfant possède sur l'écrit, apparaît au début des années 1990 un nouveau concept d'évaluation centré sur la capacité de l'enfant à évaluer sa propre compétence et son progrès dans la compréhension de l'acte de lire. C'est à partir du contenu d'un « portfolio » que l'enfant indiquera à l'adulte cette compétence et le progrès réalisé. L'évaluation par le portfolio, tout d'abord utilisé par un groupe de chercheurs universitaires et d'enseignants d'écoles publiques de la région de Manchester, au Massachusetts, s'inspire d'un modèle utilisé par les artistes et les architectes pour mettre en valeur leurs œuvres, leurs productions (Hansen, 1992). En effet, pour se présenter à une galerie, dans un concours, à un éventuel employeur ou pour rencontrer les journalistes, l'artiste prépare un « portfolio », lequel inclut des exemples, des croquis, des diapositives, des critiques... qui manifestent son expertise. On retrouve dans le portfolio d'un artiste un portrait récent des réalisations qui démontrent ses habiletés et sa production étalées sur une période de temps. Ce portfolio est donc une source d'information pour la personne qui le reçoit. Cette dernière peut également questionner l'artiste sur le contenu présenté. Ce document illustre également la capacité de l'artiste à juger de la valeur de son travail. Le contenu de ce portfolio change à mesure que l'artiste avance dans son métier.

Utilisé dans le milieu scolaire, le portfolio semble être un outil intéressant à considérer étant donné l'engagement qu'il demande à l'enfant pour qu'il décide des productions à conserver, productions qui l'amèneront à réfléchir sur son travail et son progrès. Cette approche est positive. Elle met l'accent sur ce que l'enfant a de mieux à offrir et sur sa capacité à expliquer son cheminement (Valencia, 1990).

Le portfolio mise sur l'observation du processus d'apprentissage vu globalement. Cet outil d'évaluation du cheminement de l'individu apprenant est accessible à tous les niveaux scolaires : primaire, secondaire et post-secondaire. En recensant les écrits sur cette stratégie alternative, utilisée pour évaluer la lecture et l'écriture, il n'est pas évident que des études aient été entreprises pour vérifier la pertinence du portfolio avec les enfants de classe de maternelle. Rappelons que les deux premiers volumes traitant de l'évaluation par le portfolio sont récents (Thierney et coll., 1991; Murphy et Smith, 1991). C'est donc une piste à explorer et à soutenir pour des chercheurs et des praticiens de la petite enfance.

Observer l'émergence de l'écrit en classe de maternelle par l'approche du portfolio constitue une façon logique d'évaluer les connaissances en lien direct avec la conception de la lecture et de l'écriture privilégiée dans les chapitres précédents :

Où l'enfant est responsable de la construction de son savoir sur l'écrit;

Où le développement de l'écrit passe par des stades;

Où la compétence du lire-écrire est considérée comme un objet de connaissance;

Où l'enseignante guide l'enfant dans la compréhension de son évolution;

Etc.

Le contenu d'un portfolio

Que doit contenir le portfolio de l'enfant de la classe de maternelle ? Il y a peu de données à l'heure actuelle pour nous orienter. En se référant a) aux éléments théoriques qui sous-tendent le développement de la conscience de l'écrit et des stades par lesquels l'enfant passe pour comprendre le système d'écriture alphabétique; et b) en tenant compte des buts de cette évaluation, soit amener l'enfant à prendre conscience de ce qu'il sait pour orienter son cheminement, on pourrait retrouver dans ce dossier :

---

1. des exemples de dessins;
2. des exemples d'écriture de lettres, de chiffres, de mots;
3. des exemples d'écriture de son prénom;
4. le résultat d'une entrevue;
5. le résultat de listes de comportements portant sur le lire/écrire de l'enfant;
6. la photocopie de la couverture du livre qu'il aime beaucoup;
7. une coupure de journal qui est la publicité d'une activité que l'enfant a faite ou fera bientôt (exemple : une pièce de théâtre de marionnettes, une partie de hockey);
8. une illustration qui indique un fruit qu'il aime beaucoup;
9. l'histoire que l'enfant a écrite (petit volume);
10. le dessin des personnages et des animaux d'une histoire qu'il aime;
11. les mots que l'enfant copie;
12. des exemples d'histoires faites à partir de la structure narrative;
13. les résultats de petits tests d'attitude et d'intérêt (Giasson et Thériault, 1983.)

Etc.

Toutes ces suggestions, et bien d'autres encore, peuvent se retrouver dans le portfolio, pas nécessairement toutes à la fois. Selon le travail qui se fait en classe, les échantillons choisis pourraient être différents de ceux qui sont proposés précédemment.

Matériellement, le portfolio peut être une chemise de grand format, facilement accessible à l'enfant, et ne pas servir de fourre-tout où l'on place toutes les productions de l'enfant. Il faut donc planifier et gérer le contenu du portfolio.

La sélection doit se faire en tenant compte des objectifs poursuivis, de la période de l'année et de ce que l'enseignante pense être une production capable de fournir de l'information pertinente. Une façon de faire ce choix, c'est de se demander si cet exemple permet d'aider l'élève à progresser et comment l'enfant et l'enseignante peuvent déterminer s'il y a eu progrès ou pas. Donc, dans le portfolio, on trouvera des données brutes mais aussi une feuille de synthèse marquant le progrès et les conseils proposés pour progresser davantage.

SAVOIR INTERPRÉTER LES INFORMATIONS RECUEILLIES

Ce sont les données théoriques présentées aux chapitres 2 et 3 relativement aux concepts reliés à la conscience et à la fonction de l'écrit (Goodman, 1986; Giasson et Thériault, 1983; Giasson et Girard, 1988; Girard, 1992); aux stades de développement de l'écrit (Ferreiro, 1988) ainsi que les données sur les bienfaits de la lecture d'histoires (Teale, 1981), de l'impact du jeu symbolique sur l'écrit (Pellegrini et Galda, 1993; Thériault et Doyon, 1992) et de l'importance d'un environnement riche en écrit (Morrow 1993; Thériault, 1992) qui serviront de références pour essayer d'interpréter les données recueillies par les différents outils mis à la disposition de l'adulte lorsqu'il veut évaluer les connaissances, les habiletés et les stratégies de l'enfant dans sa démarche de compréhension du monde de l'écrit.

Ces recoupements théorie-pratique permettent de positionner l'enfant à trois points différents sur un continuum d'émergence de l'écrit :

a) Débutant :	• L'enfant commence à faire des hypothèses. • Il manifeste un faire-semblant qui marque un éveil.
b) Intermédiaire :	• On observe beaucoup d'efforts pour la recherche de sens. • Il est intéressé à la lecture et à la production d'écrit. • Il utilise des pseudo-lettres et des lettres.
c) Avancé :	• L'enfant est presque au stade alphabétique. • Il comprend que la lecture est une recherche de sens. • Il reconnaît des mots, écrit son prénom et d'autres mots.

Les données théoriques mentionnées servent à interpréter le contenu du portfolio. L'objectif de continuité qui se retrouve dans cette forme d'évaluation à laquelle s'ajoute l'interaction enseignante-enfant pour établir la situation de ce dernier en rapport avec son apprentissage et en discuter en font un outil qui révèle une image plus juste de la dimension cognitive et affective de l'acte de lire de chaque enfant. Ceci conduit à des prises de décision répondant plus spécifiquement aux besoins de l'enfant/enseignante (Jongsma, 1989).

Le contact humain avec chaque enfant, la complicité qui s'installe, la collaboration qui naît lors des discussions concernant le contenu du portfolio, les critères qui permettent à chaque enfant de juger de son apprentissage de la lecture-écriture fournissent aussi un modèle à l'enfant pour s'assumer comme auto-évaluateur.

Pour assurer une certaine efficacité à l'interprétation des données recueillies, certains éléments sont à considérer : a) améliorer la façon de questionner l'enfant pour l'amener à se connaître, à choisir des activités qui permettent d'avancer, de progresser; b) prévoir trois ou quatre rencontres par année pour discuter avec chaque enfant de son travail (Jongsma, 1989; Valencia, 1990); c) soigner la présentation matérielle du contenu du portfolio. Trop de productions peuvent engendrer un fouillis qui éloigne l'enfant des objectifs de prise de conscience de son potentiel et de ce qu'il doit travailler pour augmenter sa compétence d'apprenti lecteur-scripteur.

Le portfolio peut aussi servir pour amorcer les discussions lors de la visite de parents à l'école puisque les parents ont toujours un rôle à jouer dans le développement de l'écrit de leur enfant (Fredericks et Rasinski, 1990).

Le portfolio comme outil d'évaluation de l'émergence de l'écrit prend en compte le processus et le produit de l'apprentissage. La participation active des deux partenaires enfant-enseignante peut faciliter et mieux orienter les décisions qui conduisent à la réussite scolaire.

SAVOIR PRENDRE DES DÉCISIONS PERTINENTES

Observer pour observer n'est pas une action utile. En éducation, le recueil de données et leur interprétation doivent se compléter par des agirs en rapport avec la lecture et l'écriture. D'une part, l'agir qui découle de l'évaluation doit être une aide personnelle fournie à chaque enfant. D'autre part, l'évaluation contribue à des prises de décision menant à la planification d'activités plus globales pour l'ensemble de la classe.

L'utilisation du portfolio comme outil d'évaluation s'appuie sur des principes qui doivent en expliciter le processus. Valencia et coll. (1990) en énoncent cinq (5) :

1. L'évaluation sera continue car l'apprentissage est un processus dynamique qui prend place graduellement et qui change selon l'appropriation des connaissances et des compétences.

2. L'évaluation sera multidimensionnelle, l'apprentissage variant selon le temps et les situations. Différents matériaux doivent être utilisés pour permettre à l'enfant de se voir dans des performances différentes et conduire l'enseignante à percevoir une image plus juste des progrès de l'enfant.

3. L'évaluation fera appel à la collaboration. Dans cette perspective, l'évaluation comprend une personne en évolution et une personne qui guide. Ce mouvement entre ces deux facteurs est en soi une situation qui fait appel à la coopération, à la collaboration, pour comprendre et guider la compétence de l'enfant. L'observateur n'est pas détaché de l'observé dans l'analyse du portfolio. La complicité et la collaboration des deux sont nécessaires pour augmenter l'engagement de l'enfant dans la compréhension du processus et des critères mêmes de son évaluation.

4. L'évaluateur doit centrer ses observations et ses décisions en référence à des connaissances qu'il doit avoir sur le contenu et les processus impliqués dans l'acte du lire-écrire. Il est donc important de posséder des connaissances théoriques sur la façon dont l'enfant s'approprie ce savoir et dont il manifeste sa connaissance. Plus on s'éloigne de l'utilisation des tests pour évaluer l'enfant, plus on a besoin de mettre à jour ses propres connaissances sur les processus et les stratégies utilisées par les enfants en lecture et en écriture.

5. L'évaluation sera authentique. Cette qualité supporte l'existence d'une relation réelle entre l'évaluation et l'apprentissage. L'évaluation donnera à l'enfant la possibilité d'appliquer ce qu'il a appris dans des situations différentes.

L'idée du portfolio prend donc en compte ces principes et force à élargir la quantité de données à considérer pour une prise de décision efficiente. Le portfolio reflète aussi l'idée que l'évaluation est un processus dynamique plutôt que statique (Valencia et coll., 1990). Il offre à l'enseignante l'occasion de créer une situation qui engage l'enfant dans des activités authentiques et lui fournit l'aide qui favorise le développement de l'écrit (Valencia, 1990).

Même si peu de recherches sont à notre disposition pour aider les enseignantes du préscolaire à réaliser, par le portfolio, la tâche d'évaluation de l'écrit de chaque enfant, nous les encourageons à essayer cet outil, à noter les facilités et difficultés rencontrées dans la mise en place de cette activité qui englobe, semble-t-il, les autres moyens déjà à la disposition des enseignantes.

Conclusion

Ce volume a pour but de rendre évidents à l'enseignante et aux futures enseignantes de classe de maternelle les liens qui existent entre la théorie et la pratique et la façon dont la théorie supporte la pratique éducative lorsqu'on pense au développement de la lecture et de l'écriture du jeune enfant. Il essaie de montrer l'importance de clarifier, de préciser et de compléter sa conception de l'acte de lire-écrire. Lire consiste à interpréter un message écrit, et écrire consiste à en produire. L'acquisition de ces savoirs se réalise dans un processus dynamique qui commence très tôt dans la vie de l'enfant et qui évolue grâce à l'interaction de ce dernier avec l'écrit de l'environnement, avec ses pairs et des adultes qui lui servent de modèle et de guide.

Il est donc important de considérer comme active, comme en progression par rapport à l'écrit, la période qui se situe entre zéro et six ans. Cette période « d'émergence de l'écrit » doit être meublée de stimuli qui amèneront l'enfant à comprendre et à manifester comment il s'approprie la structure de notre système d'écriture. Le chapitre 2 se veut un guide en ce sens.

Le concept d'émergence de l'écrit, de ce savoir qui s'acquiert avant l'entrée de l'enfant dans une organisation plus formelle en début du primaire, demande donc une pédagogie qui fera appel aux bienfaits de la lecture d'histoires, à la nécessité d'utiliser le jeu symbolique pour s'approprier la dimension lire-écrire qui se retrouve dans l'imitation de rôles. De plus, cette pédagogie saura créer des environnements spécifiques où la présence de matériel écrit favorise les expériences et les interactions sociales. Nous espérons que le chapitre 3 aidera à comprendre les dimensions pédagogiques de ce paradigme d'émergence de l'écrit.

Nous aimerions aussi que ce texte serve d'outil à ceux et celles qui travaillent auprès des enfants à risque ou en difficulté d'apprentissage. Les principes qui sous-tendent le développement du lire-écrire sont les mêmes. Pour tous, seuls le temps, la qualité des stimuli offerts et l'utilisation de stratégies peuvent faire la différence.

Mais comment un adulte peut-il aider l'enfant à échafauder sa connaissance sur l'acte de lire-écrire s'il ne lit pas lui-même ? Il ne faut pas se le cacher, un certain nombre d'enseignantes lisent peu et écrivent encore moins. Il en est de même pour les étudiantes inscrites dans les programmes de formation des maîtres. Depuis les cinq dernières années, à la première rencontre d'un cours qui porte sur l'apprentissage et l'enseignement de la lecture, il est demandé aux étudiantes de donner les titres des livres qu'elles auraient lus pendant la période des vacances. Sur une classe de 45 à 50 étudiantes, seulement une dizaine indiquent un titre, quelques-unes disent avoir lu des journaux, des magazines. La majorité avoue n'avoir pas touché un livre depuis plusieurs mois.

Nous avons souvent imité Yetta Goodman en lisant des livres pour enfants aux étudiantes universitaires comme nous leur suggérons de visiter des librairies afin de connaître la production destinée aux enfants. Cette activité est très appréciée et donne l'impression de venir exorciser un vécu où, pour certaines d'entre elles, il était pénible de lire ! Ces petits gestes les amènent à reprendre contact avec les livres, à s'ouvrir pour mieux comprendre comment l'enfant s'apprend à lire et à écrire.

Ce volume ne prétend pas être une réponse à toutes les questions soulevées concernant la place de la lecture et de l'écriture en classe de maternelle. Cependant, nous croyons qu'il peut faire naître une réflexion qui amènera à considérer cet apprentissage du savoir lire-écrire comme naturel, plaisant, nécessaire. Il peut également montrer l'urgence, pour le monde scolaire, de prendre position pour soutenir les enseignantes dans leur initiative et les enfants dans leurs efforts afin de ne pas placer ces derniers dans une situation qui pourrait les conduire à « décrocher », à ne pas réussir la dimension académique de leur vie.

« Il ne faut pas enseigner le lire-écrire,
il faut permettre à l'enfant de l'apprendre. »
Emelia Ferreiro.

Bibliographie

ALTWERGER, B. (1981). *Print Awareness in Preschool Children : A Study of the Development of Literacy in Preschool Children.* (Occasional Paper 4) Tucson : University of Arizona, College of Education, Arizona Center for Research and Development, Program in Language and Literacy.

ALTWERGER, B. (1983). «Beginning reading development : Strategies and principles», dans R. P. Parker et A. Davis (Eds). *Developing Literacy : Young Children's Use of Language.* Newark (Delaware) : International Reading Association.

ALTWERGER, B. (1990). «Discovering children's inventions of written language», dans Y. Goodman (Ed.). *How Children Construct Literacy.* Newark (Delaware) : International Reading Association.

ANDERSON, R. C., HIEBERT, F., SCOTT, J. I. et WILKINSON, I. (1985). *Becoming a Nation of Readers.* Washington (DC) : The National Institute of Education, pp. 21-34.

APPLEBEE, A. N. (1978). *The Child's Concept of Story.* Chicago: The University of Chicago Press.

BAILLARGEON, M. et THÉRIAULT, J. (1992) «Contribution de l'éducation préscolaire à la réussite scolaire : une perspective à renouveler», dans *Pour favoriser la réussite scolaire : réflexions et pratiques.* Québec : CEQ et Éditions St-Martin, pp. 93-103.

BAKST, K. et ESSA, L. (1990). «The writing table : Emergent writing and editors», *Childhood Education*, vol. 66, n° 3, pp. 145-150.

BEAVER, J. M. (1982). «Say it ! Over and over», *Language Arts*, vol. 59, pp. 143-148.

BÉLANGER, D. et LABRECQUE, A. F. (1984). *Élaboration et validation d'un instrument de mesure de la conscience de l'écrit pour les enfants de la maternelle.* Mémoire de maîtrise (inédit). Québec : Université Laval.

BÉLANGER, D., LABRECQUE, A., BAILLARGEON, M. et GIASSON, J. (1987). « La conscience de l'écrit chez les lecteurs précoces », *Revue canadienne de l'étude en petite enfance*, vol. 2, n° 1, pp. 29-39.

BESSE, J. M. (1988). «Introductio» dans : FERREIRO, E., GOMEZ PALACIO, M. *Lire-écrire à l'école - Comment s'y apprennent-ils ?* Lyon : Centre régional de documentation pédagogique.

BOUDREAU, G. (Ed.) (1993). *Réussir dès l'entrée dans l'écrit.* Sherbrooke : Éditions CRP.

BRIDGE, C. A. (1979). «Predictable materials for beginning readers», *Language Arts*, vol. 56, pp. 503-507.

BRIDGE, C. A., WINOGRAD, P. N. et HALEY, D. (1983). «Using predictable materials vs preprimers to teach beginning sight words», *The Reading Teacher*, vol. 36, n° 9, pp. 884-892.

BRUNER, J. S. (1960). *The Process of Education.* Cambridge, MA : Harvard University Press.

BRUNER, J. S. (1983). *In Search of Mind.* New York : Harper and Rowe.

BURRIS, N. A. et LENTZ, K. A. (1983). «Caption books in the clasroom», *The Reading Teacher*, vol. 36, n° 9, pp. 872-876.

CAZDEN, C. B. (1983). «Adult assistance to language development : Scaffolds, models, and direct instruction», dans R. P. Parker et F. A. Davis, (Eds). *Developing Literacy : Young Children's use of Language.* Newark (Delaware) : IRA.

CASSADY, J. K. (1988). «Beginning reading with big books», *Chilhood Education*, fall, pp. 18-23.

CHANDLER, J. et BAGHBAN, M. (1986). «Predictable books guarantee success», *Reading Horizons*, vol. 26, n° 3, pp. 167-173.

CHRISTIE, J. M. (1990). «Dramatic play : a context for meaningful engagements», *The Reading Teacher*, vol. 43, n° 8, pp. 542-545.

CHRISTIE, J. M. (Ed.) (1991). *Play and Early Literacy Development.* Albany : Suny Press.

CHRISTIE, J. M. et ENZ, B. (1991). *The Effects of Literacy Play Interventions on Preschoolers' Play Patterns and Literacy Development.* Paper presented at the meeting of the American Educational Research Association, Chicago, Ill., April.

CLAY, M. M. (1966). *Emergent Reading Behavior.* Unpublished Doctoral Dissertation. Auckland (NZ) : University of Auckland.

CLAY, M. M. (1967). «The reading behavior of five-year-old : A Research Report», *New Zealand Journal of Educational Studies*, n° 2, pp. 11-31.

CLAY, M. M. (1972). *Reading : The Patterning Complex Behavior.* Auckland (NZ) : Heinemann Educational Books.

CLAY, M. M. (1975). *What Did I Write ?* Auckland (NZ) : Heinemann Educational Books.

CLAY, M. M. (1979). *Reading : The Patterning of complex Behavior.* Auckland (NZ) :Heinemann Educational Books. 2nd F.d.

CLAY, M. M. (1989). «Concepts about print in english and other languages», *The Reading Teacher*, vol 42, n° 4, pp. 268-276.

CLAY, M. M. (1991). *Becoming Literate : The Construction of Inner Control.* Portsmouth (NH) : Heinemann Educational Books, Inc.

CLOUTIER, R., FORTIN, C. et PARADIS, A. (1989). «L'apprentissage précoce de la lecture chez des enfants présentant une déficience intellectuelle», *Apprentissage et Socialisation*, vol. 12, n° 3, pp. 165-172.

COHEN, R. (1982). *Plaidoyer pour les apprentissages précoces.* Paris : PUF.

COMBS, M. (1987). «Modeling the reading process with enlarged text», *The Reading Teacher*, vol. XX, n° X, pp. 98.

COODY, B. (1973). *Using Literature with Young Children.* Dubuque (Iowa) : Brown.

DELHAXHE, A., TERWAGNES, S. et MASSOZ, D. (1990). *Agir avec le langage écrit.* Laval, (Québec) : Éditions Mondia.

DeVRIES, R. et KOHLBERG, L. (1987). *Programs of Early Education : The Constructivist View.* New York : Longman.

DOISE, W., MUGNY, G. (1981). *Le développement social de l'intelligence.* Paris : InterÉditions.

DOYON, D. (1993). *Le rôle de l'adulte dans l'élaboration du raisonnement chez les enfants de la maternelle.* Thèse de doctorat (inédite). Québec : Université Laval.

DURKIN, D. (1966). *Children who Read Early.* New York : Teacher College Press.

DURKIN, D. (1968). «When should children begin to read ?» dans H. M. Robinson (Ed.). *Innovation and Change in reading instruction : The sixty-seventh Yearbook of the National Society for the Study of Education. (Part II).* Chicago (Ill) : The National Society for the Study of Education.

FEIN, G. (1981). «Pretend play in childhood : An integrative review», *Child Development*, 52, pp. 1095-1118.

FERREIRO, E. (1977). «Vers une théorie génétique de l'apprentissage de la lecture», *Revue suisse de Psychologie*, vol. 36, n° 2, pp. 109-130.

FERREIRO, E. (1978). «What is written in a written sentence ? A developmental answer», *Journal of Education*, n° 160, pp. 25-39.

FERREIRO, E. (1983). «The development of literacy : A complex psychological problem», dans F. Coulmas et K. Ehlich (Eds). *Writing in Focus.* Berlin : Mouton Publishers.

FERREIRO, E. (1984). «The underlying logic of literacy development», dans H. Goelman, A. Oberg et F. Smith (Eds). *Awakening to Literacy.* Exeter (NH) : Heinemann.

FERREIRO, E. (1985). «Literacy development : a psychogenetic perspective», dans D. Olson, N. Torrance et A. Hildyard (Eds). *Literacy, Language and Learning : The Nature and Consequences of Reading and Writing.* New York : Cambridge University Press.

FERREIRO, E. (1986). «The interplay between information and assimilation in beginning literacy», dans W. Teale et E. Sulzby (Eds). *Emergent Literacy.* Norwood (NJ) : Ablex.

FERREIRO, E. (1988). «L'Écriture avant la lettre», dans H. Sinclair (Ed.). *La production de notations chez le jeune enfant.* Paris : PUF, Collection Psychologie d'aujourd'hui.

FERREIRO, E. (1990a). «Literacy development : psychogenesis», dans Y. Goodman (Ed.) *How Children Construct Literacy : Piagetian Perspectives.* Newark (Delaware) : IRA.

FERREIRO, E. (1990b). «Apprendre le lire-écrire», *Voies livres : Pratiques et apprentissages de l'écrit*, n° 40, 36 p.

FERREIRO, E. (1992). *Literacy Development : The Construction of a New Object of Knowledge*. Paper presented to the 27th Annual Convention of the International Reading Association, Chicago.

FERREIRO, E. et TEBEROSKY, A. (1982). *Literacy Before Schooling.* New Hampshire : Heinemann Educational Books.

FIELDING, L. G., WILSON, P. T. et ANDERSON, R. C. (1986). «A new focus on free reading : The role of trade books in reading instruction», dans T. E. Raphael et R. Reynolds (Eds). *Contexts in Literacy.* New York : Random House.

FILJAKOW, J. et FILJAKOW, E. (1993). «L'écriture provisoire des enfants au cycle des apprentissages : étude génétique», dans G. Boudreau (Ed). *Réussir dès l'entrée dans l'écrit.* Sherbrooke : Éditions du C.R.P.

FLORIN, A., BRAUN-LAMESCH, M. M. et BRAMAUD-DUBUCHERON, G. (1985). *Le langage à l'école maternelle.* Bruxelles : Mardaga.

FODOR, M. (1966). *The Effect of Systematic Reading of Stories on the Language Development of Culturally Deprived Children.* Unpublished doctoral dissertation. New York : Cornell University.

FOUCAMBERT, J. (1976). *La manière d'être lecteur.* Paris : OLDL, SERMAP.

FOURNIER, E. (1978). «Jeux d'enfants», *Apprentissage et socialisation,* vol. 1, n° 3, pp. 5-21.

FREDERICKS, A. D. et RASINSKI, T. V. (1990). «Involving parents in the assessment process», *The Reading Teacher,* vol. 44, n° 4, pp. 346-349.

GIASSON, J. (1994). «Pourquoi faut-il encourager les élèves à lire ?», *Vie Pédagogique,* n° 88, pp. 27-30.

GIASSON, J. et GIRARD, N. (1988). «Le développement des fonctions de l'écrit à la maternelle», *Reading-Canada-Lecture,* vol. 5, n° 4, pp. 220-230.

GIASSON, J. et THÉRIAULT, J. (1983). *Apprentissage et enseignement de la lecture.* Montréal : Éditions Ville-Marie.

GIASSON, J., BAILLAREGON, M., PIERRE, R. et THÉRIAULT, J. (1985). «Le lecteur précoce au Québec : Caractéristiques individuelles et familiales», *Revue internationale de psychologie appliquée,* vol. 34, n° 4, pp. 455-476, octobre.

GIRARD, N. (1983). *Le livre-cassette précédé de l'ouvrage intitulé : Le modèle de lecture de Goodman.* Montréal : Éditions Ville-Marie.

GIRARD, N. (1985). «La lecture et l'écriture fonctionnelles au préscolaire», *Liaisons,* pp. 21-26.

GIRARD, N. (1989). *Lire et écrire au préscolaire.* Laval (Québec) : Mondia Éditeur.

GIRARD, N. (1992). «L'écrit a-t-il une place au préscolaire ?», *Québec français,* n° 84, pp. 35-37.

GOODMAN, Y. M. (1967). *Psycholinguistic Description of Observed Oral and Reading Phenomena in Selected Young Beginning Readers.* Unpublished doctoral dissertation. Detroit (MI) : Wayne State University.

GOODMAN, Y. M. (1980). «The Roots of Literacy», dans M. Douglas (Ed.). *Claremont Reading Conference.* Claremont (CA) : Forty-Fourth Yearbook.

GOODMAN, Y. M. (1981). «Review of concepts about print», *The Reading Teacher*, vol. 34, n° 4.

GOODMAN, Y. M. (1983). «Beginning reading development : strategies and principles», dans R. P. Parker et F. A. Davis (Eds). *Developing Literacy.* Newark (Delaware) : International Reading Association.

GOODMAN, Y. M. (1984). «The development of initial literacy», dans H. Goelnan *et al.* (Eds). *Awakening to Literacy.* Exeter (NH) : Heinemann Educational Books.

GOODMAN, Y. M. (1986). «Children Coming to Know Literacy», dans W. H. Teale et E. Sulzby (Eds). *Emergent Literacy Writing and Reading.* Norwood (NJ) : Ablex Publishing Corporation.

GOODMAN, Y. M. (1990). «Children's knowledge about literacy development : an afterword», dans Yetta M. Goodman (Ed.). *How Children Construct Literacy.* Newark : IRA, pp. 115-124.

GOODMAN, Y. et ALTWERGER, B. (1981). *Print Awareness in Preschool Children : A Study of the Development of Literacy in Preschool Children.* Arizona : Program in Language and Literacy. University of Arizona : Arizona Center for Reasearch and Development.

GOODMAN, Y. M., ALTWERGER, B. et MAREK, A. (1989). *Print Awareness in Preschool Children : The Development of Literacy in Preschool Children.* Arizona : Research and Review. Division of Language, Reading and Literature, College of Education, University of Arizona. Doc. n° 4.

GORCYCA, D. et CUMMINGS, H. (1981). «Story reading as an environmental influence on the language behavior of the early elementary school child», *Communication Quarterly*, 49-54.

GOULETTE, M. (1989). *La participation et la production langagière des enfants de la maternelle dans des activités spécifiques de langage.* Mémoire de maîtrise (inédit). Chicoutimi : Université du Québec.

GRANDBOIS, F. (1984). *Le lecteur précoce au Québec : dépistage et évaluation.* Mémoire de maîtrise (inédit). Québec : Université Laval.

GROSSI, E. P. (1990). «Applying psychogenesis principles to the literacy instruction of lower-class children in Brazil», dans Yetta M. Goodman (Ed.). *How Children Construct Literacy.* Newark : IRA, pp. 99-115.

GUINAGH, B. et JESTER, R. (1992). «How parents read to children», *Theory into Practice*, vol. II, n° 3, pp. 171-177.

HALL, N. (1987). *The Emergence of Literacy.* Sevenoaks (G. B.) : Holder and Stoughton Educational.

HALLIDAY, M. A. K. (1973). *Exploration in the Functions of Language.* London : Buller and Tanner.

HANSEN, J. (1992). «Literacy Portfolios Emerge», *The Reading Teacher*, vol. 45, n° 8, pp. 604-607.

HAVIGHURST, R. J. (1974). *Developmental Tasks and Education* (3rd edition). New York : McKaped.

HEALD-TAYLOR, G. (1987). «Predictable literature selections and activities for language arts instruction», *The Reading Teacher*, vol. 41, n° 1, pp. 6-12.

HOLDAWAY, D. (1979). *The Foundations of Literacy.* Sydney (NZ) : Ashton Scholastic.

HUCK, C. S. (1976). *Children's Literature in the Elementary School* (3rd edition). New York : Rinehart and Winston.

HUEY, E. G. (1908). *The Psychology and Pedagogy of Reading.* New York : MacMillan.

HUNT, J. et MC, V. (1964). «The psychological basis for using preschool enrichment as an antidote for cultural deprivation», *Merrill Palmer Quarterly*, n° 10, pp 209-248.

IREDELL, H. (1898). «Eleonor learns to read», *Education*, n° 19, pp. 233-238.

ISENBERG, J. et JACOB, E. (1983) «Literacy and symbolic play : A review of the litterature», *Childhood Education*, vol. 59, n° 4, pp. 272-276.

JONGSMA, K. S. (1989). «Portfolio assessment», *The Reading Teacher*, vol. 43, n° 3, pp. 264-265.

KARGES-BONE, L. (1992). «Bring on the big books», *The Reading Teacher*, vol. 45 n° 9, pp. 743-744.

LACHANCE, M. D. (1984). *Influence du milieu socioéconomique et du niveau de litéracie sur l'apprentissage précoce de la lecture*. Mémoire de maîtrise (inédit). Québec : Université Laval.

LACOMBE, L. (1988). *Stratégies utilisées par les mères avec leur enfant d'âge préscolaire lors de la lecture d'histoire*. Thèse de doctorat (inédite), Québec : Université Laval.

LAPOINTE, L. (1989). *Étude sur le développement de l'écrit d'enfants de classe maternelle*. Mémoire de maîtrise (inédit). Chicoutimi : Université du Québec.

LAVOIE, N. (1989). *Évolution de l'écriture chez des enfants de première année du primaire*. Mémoire de maîtrise (inédit). Québec : Université Laval.

LAZAR, I. ET DARLINGTON, R. (1982). «Lasting effects of early education : A report from the consortium for longitudinal studies», *Monograph of the Society for Research in Child Development 47*, Serial n° 195.

MANDEL-GLAZER, S. (1989). «Oral Language and Literacy Development», dans D. S. Strickland et L. M. Morrow (Eds). *Emerging Literacy, Young Children Learn to Read and Write.* Newark (Delaware) : I. R. A.

MARTINEZ, J. P. (1993). «L'entrée dans l'écrit des enfants d'âge préscolaire : un moyen de réduire et de prévenir les difficultés en langage écrit dès la maternelle», dans G. Boudreau (Éd.). *Réussir dès l'entrée dans l'écrit.* Sherbrooke : Éditions CRP.

MARTINEZ, M. (1983). «Exploring young children's comprehension through storytime talk», *Language Arts*, vol. 60, pp. 202-209.

MARTINEZ, M. et ROSER, N. (1985). «Read it again : the value of repeated readings during storytime», *The Reading Teacher*, vol. 38, n° 8, pp. 782-786.

MARTINEZ, M. et TEALE, W. H. (1988). «Reading in a kindergarten classroom library», *The Reading Teacher*, vol. 41, n° 6, pp. 568-572.

MATTINGLY, I. G. (1972). «Reading the linguistic process and linguistic awareness», dans J. F. Kavanagh et I. G. Mattingly (Eds). *Language by Ear and Eye.* Cambridge : MIT Press.

McCORMICK, S. (1981). *Reading Aloud to Pre-Schoolers Age 3-6 : A Review of the Research.* Rapport présenté à l'Annual Meeting of the South-West Regional Conference of the International Reading Association, January 29-31, et February 1-2. San Antonio.

MINISTÈRE DE L'ÉDUCATION DU QUÉBEC (1981). *Programme d'éducation préscolaire n° 16 - 1080*. Québec : Gouvernement du Québec, D. G. D. P.

MINISTÈRE DE L'ÉDUCATION DU QUÉBEC (1982). *Guide Pédagogique : Le langage au préscolaire. n° 16 - 1083*. Québec : Éditeur officiel.

MORROW, L. M. (1982). «Relationships between literature programs, library corner designs, and children's use of literature», *Journal of Educational Research*, vol. 75, pp. 339-344.

MORROW, L. M. (1985). «Retelling stories : a strategy for improving children's comprehension, concept of story structure and oral language complexity», *Elementary School Journal*, n° 85, pp. 647-661.

MORROW, L. M. (1988). «Young children's response to one-to-one story readings in school settings», *Reading Research Quarterly*, vol. XXIII, n° 1, pp. 89-107.

MORROW, L. M. (1989). *Increasing Literacy Behavior During Play Through Physical Changes in the Classroom*. Paper presented at the annual meeting of the NRC, Austin, Texas.

MORROW, L. M. (1989). *Literacy Development in the Early Years : Helping Children Read and Write*. Englewood Cliffs (NJ) : Prentice Hall.

MORROW, L. M. (1990). Preparing the Classroom Environment to Promote Literacy during play. *Early Childhood Research Quarterly*, 5, p.p. 537-554

MORROW, L. M. (1991). «Relationships among physical design of play centers, teacher's emphasis on literacy in play, and children's literacy behaviors during play», dans J. Zutell et S. McCormick (Eds). *Learner Factors / Teacher Factors : Issues in Literacy Research and Instruction*. Chicago : Fortieth Yearbook of the National Reading Conference, NRC, pp. 129-141.

MORROW, L. M. (1993). *Literacy Development in the Early Years* (2nd Ed.). Boston : Allyn and Bacon.

MORROW, L. M. et RAND, M. (1991). «Preparing the classroom environment to promote literacy during play», dans J. Christie (Ed). *Play and Early Literacy Development*. Albany : Suny Press.

MORROW, L. M. et SMITH, J. K. (1990). «The effects of group size on interactive storybook reading», *Reading Research Quarterly*, vol. XXVI, n° 3, pp. 213-231.

MURPHY, C. M. (1978). «Pointing in the context of shared acting», *Child Development*, *49*, pp. 371-380.

MURPHY, S. et SMITH, M. A. (1991). *Writing Portfolios : A Bridge from Teaching to Assessment.* Peppen. Markham (Ont.) : Publishing Limited.

MUSATTI, T., VERBA, M. et WINNYKAMEN, F. (1987). «Aspects cognitifs dans la construction des savoirs par les interactions sociales», dans D. Zimmermann (Ed.). *On n'apprend pas tout seul : Interactions sociales et construction des savoirs*. Paris : Éditions ESF.

NELSON, O. (1989). «Storytelling : language experience for meaning making», *The Reading Teacher*, vol. 42, n° 6, pp. 386-390.

NEWMAN, S. B. et ROSKOS, K. (1989). *The Influence of Literacy-enriched Play Settings on Preschoolers Conceptions of Print.* Paper presented at the annual meeting of the NRC, Austin, Texas.

NEWMAN, S. B. et ROSKOS, K. (1990). «Play, print and purpose : enriching play environments for literacy development», *The Reading Teacher*, vol. 44, n° 3, pp. 214-221.

NEWMAN, S. B. et ROSKOS, K. (1992). «Literacy objects as collective tools : effects on children's literacy behavior in play», *Reading Research Quarterly*, pp. 203-225.

NEWMARK, K. et ROSKOS, K. (1991). «The influence of literacy-enriched play centre on preschoolers' conceptions of the functions of print», dans J. Christie (Ed). *Play and Early Literacy Development.* Albany : Suny Press.

NIELSEN, D. C. (1992). *The Effects of Four Models of Group Interaction with Storybooks in the Literacy Growth of Low Achieving Kindergarten Children.* Papier présenté à l'*Annual Meeting of the NRC*, San Antonio, Texas.

NINIO, A. (1980). «Picture-book reading in mother-infant dyads belonging to subgroups in Israël», *Child Development*, vol. 51, pp. 587-590.

NINIO, A. ET BRUNER, J. S. (1978). «The achievement and antecedents of labelling», *Journal of Child Language*, vol. 5, pp. 5-15.

ORTIZ, M. (1992). *L'analyse de textes d'élèves : un outil au service d'une évaluation formative en écriture ?* Mémoire de maîtrise (inédit). Québec : Université Laval.

PARÉ, A. (1977). *Créativité et pédagogie ouverte : organisation de la classe et intervention pédagogique*. Ville de Laval (Québec) : Éditions. NHP.

PEEK, J. (1989). «Using storytelling to promote language and literacy development», *The Reading Teacher*, vol. 43, n° 2, pp. 138-141.

PELLEGRINI, A. D. (1985). «The relations between symbolic play and literate behavior : a review and critique of the empirical literature», *Review of Educational Research*, vol. 55, n° 1, pp. 107-121.

PELLEGRINI, A. D. et GALDA, L. (1982). «The effects of thematic-fantasy play training on the development of children's story comprehension», *American Educational Research Journal*, vol. 19, n° 3, pp. 443-452.

PELLEGRINI, A. D. ET GALDA, L. (1993). «Ten years after : a reexamination of symbolic play and literacy research», *Reading Research Quarterly*, vol. 28, n° 2, pp. 163-175.

PERROT, J. (1992). «Le livre animé», dans G. Brougère (Ed). *Le jouet : valeurs et paradoxes d'un petit objet secret.* Paris : Éditions Autrement, Livre Mutations.

PIAGET, J. (1964). *La formation du symbole chez l'enfant.* Neuchâtel : P. U. F.

PIERRE, R. et LACHANCE, M. (1985). «Maman, qu'est-ce que ça veut dire ?», *Québec Français*, n° 58, mai, pp. 40-45.

PIERRE, R., GIASSON, J., BAILLARGEON, M. et THÉRIAULT, J. (1983). «Acquisition de la lecture chez le lecteur précoce : Processus d'acquisition et stratégies d'intervention», *Apprentissage et Socialisation*, vol. 6, n° 1, pp. 46-58.

PIKULSKI, J. J. (1988). «Questions and answers», *The Reading Teacher*, vol. 42, n° 1, p. 76.

PONTECORVO, C. et ZUCCHERMAGLIO, C. (1990). «A passage to literacy : learning in a social context», dans Yetta M. Goodman (Ed.). *How Children Construct Literacy.* Newark : IRA, pp. 59-99.

POLLARD-SLAUGHTER, J. (1983). «Big books for little kids : another fad or a new approach for teaching beginning reading», *The Reading Teacher*, vol. 36, n° 8, pp. 758-762.

READ, C. (1970). *Children's Perceptions of the Sounds of English : Phonology from Three to Six.* Unpublished doctoral dissertation. Boston, MA. : Harvard University.

REUTZEL, D. R. et FAWSON, P. C (1989). «Using literature webbing strategy lesson with predictable books», *The Reading Teacher*, vol. 48, n° 8, pp. 208-215.

RHODES, L. K. (1981). «I can read ! Predictable books as resources for reading and writing instruction», *The Reading Teacher*, vol. 34, n° 5, pp. 511-519.

SACHS, J. (1980). «The role of adult-child play in language development», dans R.H. Rubin (Ed). *Children's Play.* San Francisco : Jossey-Boss.

SCHIKEDANZ, J. A. (1978). «Please read that story again : exploring relationships between story reading and learning to read», *Young Children,* vol. 33, pp. 48-58.

SCHIKEDANZ, J. A. (1981). «Hey ! This book's not working right», *Young Children*, November, pp. 18-27.

SCHIKEDANZ, J. A. (1992). «How kids learn to write», *Parents*, p. 136.

SCOLLON, R. (1976). *Conversations with a One Year Old : A Case of Study of the Developmental Foundation of Syntax.* Honolulu : UPH.

SMITH, F. (1982). *Writing and the Writer.* New York : Holt, Rinehart and Winston.

SNOW, C. E. (1983). «Literacy and language : Relationships during the preschool years», *Harvard Educational Review*, vol. 58, n° 2, may, pp. 165-189.

SNOW, C.E., GOLDFIELD, B., Y. (1983) «Turn the page Please : Situation-Specific Language Acquisition». *Journal (of) Child Language* 10, p.p. 551-569

SNOW, C. E. et NINIO, A. (1986). «The contrasts of literacy : what children learn from learning to read books», dans W. H. Teale et E. Sulzby (Eds). *Emergent Literacy : Writing and Reading*, pp. 117-137.

SORRELL FRACTOR, J. C., ROTI-WOODRUFF, M., MARTINEL, M. G. et TEALE, W. H. (1993). «Let's not miss opportunities to promote voluntary reading : classroom libraries in the elementary school», *The Reading Teacher*, vol. 40, n° 6, pp. 476-483.

STAMBAK, M. (1987). «La présentation des travaux du C.R.E.S.A.S.», dans D. Zimmerman (Ed.). *On n'apprend pas tout seul.* Paris : Les Éditions ESF.

STRICKLAND, D. S. (1988). «Some tips for using big books», *The Reading Teacher*, vol. 41, n° 7, pp. 966-967.

STRICKLAND, D. S. (1990). «Emergent literacy : how young children learn to read», *Educational Leadership*, vol. 47, n° 6, pp. 18-23.

STRICKLAND, D. S. et MORROW, L. M. (1988). «Creating a print rich environment», *The Reading Teacher*, vol. 42, n° 2, pp. 156-157.

STRICKLAND, D. S. et MORROW, L. M. (1988). «New perspectives on young children learning to read and write», *The Reading Teacher*, vol. 42, n° 1, pp. 70-71.

STRICKLAND, D. S. et MORROW, L. M. (Eds), (1989). *Emerging Literacy : Young Children Learn to Read and Write*. Newark (Delaware) : IRA.

STRICKLAND, D. S. et MORROW, L. M. (1989a). «Creating curriculum : an emergent literacy perspective», *The Reading Teacher*, vol. 42, n° 9, pp. 722-723.

STRICKLAND, D. S. et MORROW, L. M. (1989b). «Environments rich in print promote literacy behavior during play», *The Reading Teacher*, vol. 43, n° 2, pp. 178-179.

STRICKLAND, D. S. et MORROW, L. M. (1990a). «Sharing big books», *The Reading Teacher*, vol. 42, n° 4, pp. 342-343.

STRICKLAND, D. S. et MORROW, L. M. (1990b). «Integrating the emergent literacy curriculum with themes», *The Reading Teacher*, vol. 43, n° 8, pp. 604-605.

STRICKLAND, D. S. et MORROW, L. M. (1990c). «Storybook reading : a bridge to literary language», *The Reading Teacher*, vol. 44, n° 3, pp. 264-265.

SULZBY, E. (1985). «Children's emergent reading of favorite books : a developmental study», *Reading Research Quarterly*, vol. XX, n° 4, pp. 458-481.

TARDIF, J. (1986). «Éléments de la compréhension en lecture», *Apprentissage et Socialisation*, EN PISTE, vol. 9, n° 2, pp. 81 91.

TEALE, W. H. (1981). «Parents reading to their children : what we know and need to know», *Language Arts*, vol. 58, n° 8, pp. 902-912.

TEALE, W. H. (1984). «Reading to young children : its significance for literacy development», dans J. Goelman, A. A. Oberg et F. Smith. *Awakening to Literacy*. London : Heinemann.

TEALE, W. H. et SULZBY, E., (Eds), (1986). *Emergent Literacy, Writing and Reading*. Norwood (NJ) : Ablex Publishing Corporation.

THÉRIAULT, J. (1989). *L'intervention indirecte : un moyen pour faciliter le jeu symbolique à la maternelle.* Communication présentée au XIXe congrès du l'Organisation mondiale de l'éducation préscolaire (OMEP), juillet, Londres.

THÉRIAULT, J. (1991). *La lecture et l'écriture à la maternelle ?... Oui, mais il faut savoir pourquoi et comment.* Communication présentée à la journée de la recherche dans le cadre du XIIe congrès de l'Association d'éducation préscolaire du Québec. Hull.

THÉRIAULT, J. (1992). *Travailler l'environnement éducatif : Une pratique qui améliore le jeu des enfants et par le fait même son développement et ses apprentissages.* Communication présentée lors de la Rencontre sur la réussite scolaire, Québec.

THÉRIAULT, J. (1993). «Faciliter l'émergence de l'écrit c'est donner du pouvoir à l'enfant», dans G. Boudreau (Ed.). *Réussir dès l'entrée dans l'écrit.* Sherbrooke : Éditions du CRP.

THÉRIAULT, J. ET DOYON, D. (1989). *Des jeux de rôles en classe maternelle, cela se planifie.* Communication présentée au congrès de l'Association d'éducation préscolaire du Québec. Québec : AEPQ, mai.

THÉRIAULT, J. et DOYON, D. (1992). «L'organisation matérielle de la classe maternelle a-t-elle une influence sur le jeu symbolique des enfants ?», *Revue canadienne de l'étude en petite enfance,* vol. 3, n° 2. pp. 143-154.

THÉRIAULT, J., VAN THAM, S., DOYON, D. et DOUCET, M. (1987a). *Le potentiel et la pertinence du matériel éducatif des classes maternelles.* Rapport de recherche, Équipe PRAMÉ, Doc. n° 1, 149 p., Chicoutimi : UQAC.

THÉRIAULT, J., DOYON, D., DOUCET, M. et VAN THAM, S. (1987b). *L'exploitation du matériel de l'aire des jeux symboliques à la maternelle.* Rapport de recherche, Équipe PRAMÉ, Doc. n° 2, 124 p. Chicoutimi : UQAC.

THÉRIAULT, J., DOYON, D., DOUCET, M. et VAN THAM, S. (1987c). *Suggestions de rôles, de thèmes et d'aménagements pour l'aire des jeux de rôles.* Rapport de recherche, Équipe PRAMÉ, Doc. n° 3, 18 pp, Chicoutimi : UQAC.

THIERNEY, R. J., CARTER, M. A. et DESEI, L. E. (1991). *Portfolio Assessment in the Reading-Writing Clasroom..* Norwood (MA) : Christopher-Garden.

THOMKINS, G. et WEBELER, M. (1983). «What will happen next ? Using predictable books with young children», *The Reading Teacher*, pp. 498-504.

TOLCHINSKY-LANDSMANN, L. (1990). «Literacy development and pedagogical implications : evidence from the hebrew system of writing», dans Y. Goodman (Ed.). *How Children Construct Literacy*, pp. 26-45.

TRACHTENBURG, P. et FERUGIA, A. (1989). «Big books from little voices : reaching high risk beginning readers», *The Reading Teacher*, vol. 42, n° 4, pp. 284-289.

VALENCIA, S. W. (1990). «A portfolio approach to classroom reading assessment : the whys, whats, and whos», *The Reading Teacher*, vol. 43, n° 4, pp. 338-340.

VALENCIA, S. W. et PARIS, S. G. (1991). «Portfolio assessment for young readers», *The Reading Teacher*, vol. 44, n° 9, pp. 680-681.

VALENCIA, S. W., McGINLEY, W. et PEARSON, P. D. (1990). «Assessing reading and writing», dans G. G. Duffy (Ed.). *Reading in the Middle School*. Newark (Delaware) : IRA, pp. 124-153.

VUKELICH, C. (1989). *Materials and Modeling : Promoting Literacy During Play*. Paper presented at the Annual Meeting of the NRC, Austin, TX., november.

VUKELICH, C. (1990). «Where's the paper ? Literacy during dramatic play», *Childhood Education*, vol. 66, n° 4, pp. 205-209.

VYGOTSKY, L. S. (1966). «Play and its role in the mental development of the child», *Soviet Psychology*, vol. 12, n° 6, pp. 62-76.

VYGOTSKY, L. S. (1978). *Mind in Society : The Development of Psychological Processes*. Cambridge (MA) : Harvard University Press.

WANGBERG, E. G. (1982). «Pattern books : An activity for beginning reading instruction», *Reading Horizons*, vol. 23, n° 1, pp. 22-25. 261.

WARING, E. B. (1960). «Principles for child guidance», *Cornell Extension Bulletin, 420*, N. Y. : State, College of Home Economics.

YADEN, D. B. (1988). «Understanding stories through repeated read-alouds : how many does it take», *The Reading Teacher*, vol. 41, pp. 556-560.

ZIMMERMANN, D. (Ed.). (1986). *On n'apprend pas tout seul : Interactions sociales et construction du savoir*. Paris : Éditions ESF, coll. Science de l'Éducation.

Appendice

La lecture et la production d'écrit : une expérience vécue en classe de maternelle

Francine Veilleux

En 1992, lors du congrès de l'Association d'éducation préscolaire du Québec (AÉPQ), nous avons décidé d'aller entendre ce qu'une enseignante avait à dire sur le lire-écrire qu'elle réalisait avec ses enfants de classe de maternelle. Nous avons été ébahie par l'enthousiasme que Francine Veilleux révèle lorsqu'elle parle des enfants de sa classe en devenir d'être des lecteurs-scripteurs de plus en plus compétents. L'écouter présenter sa conception de la lecture et de l'écriture, l'écouter raconter comment les enfants manifestent leurs connaissances sur l'écrit, observer les exemples d'écrits de ces derniers, consulter la variété de volumes qu'elle avait apportés et qu'elle savait utiliser... autant de raisons qui nous ont convaincue qu'il pouvait être intéressant de diffuser son histoire pour mettre en valeur la pratique éducative de certaines praticiennes de l'enseignement en classe de maternelle.

Le travail qu'elle présente s'appuie sur les principes des tenants du langage intégré (*Whole language*) et, par plusieurs aspects, trouve un écho également dans ce qui est exposé dans les divers chapitres de ce volume.

Francine Veilleux enseigne dans la région de Sherbrooke, plus précisément à l'école ***Le Jardin des Lacs,*** à Saint-Denis de Brompton.

Nous souhaitons que l'exposé qu'elle présente suscite les efforts nécessaires pour qu'en classe de maternelle on permette à l'enfant de s'approprier ce savoir lire-écrire.

INTRODUCTION

J'enseigne au préscolaire depuis dix-neuf ans. J'ai toujours considéré l'écrit comme important sans nécessairement savoir comment l'aborder. Je sentais que je ne me trompais pas en lisant beaucoup d'histoires aux enfants mais j'avais plus de difficulté à aborder l'écriture. Je me sentais mal à l'aise de présenter des fiches de « préécriture » ou de faire écrire des rangées de « a » ou de « b » car ces exercices n'étaient pas porteurs de sens. Et les situations « de communication » que je présentais finissaient par lasser les enfants, même les plus intéressés. Je voyais chaque année des enfants prêts ou motivés à apprendre à lire et à écrire être déçus de ne pas le faire en maternelle. J'en voyais d'autres pour qui le livre était presque un inconnu et qui avaient très peu tenu un crayon. Je ne voulais pas faire d'enseignement systématique et, en même temps, je cherchais une façon de répondre aux besoins des enfants les plus avancés comme à ceux qui étaient moins stimulés.

En 1988, un collègue me parle d'un congrès où il est allé écouter Frank Smith. Il est très emballé (le mot est faible !) et il souhaite faire partager sa nouvelle vision de l'enseignement et de l'apprentissage de la langue écrite. Il décide de former un groupe d'enseignants qui se rencontreraient régulièrement pour parler pédagogie, partager leurs expériences et s'aider mutuellement. Je me rends à la première réunion pour entendre parler des principes du langage intégré (*Whole language*) et je suis immédiatement conquise. J'adhère complètement à la philosophie de cette approche et je décide de tenter quelques expériences dans ma classe. J'ai l'impression d'avoir enfin trouvé ce que je cherchais. Aujourd'hui, cinq ans plus tard, cette impression s'est confirmée. J'ai naturellement approfondi mes bases théoriques en lisant Frank Smith (1986), Ken Goodman (1989), puis Lucy Calkins (1986) et Bobbi Fisher (1991) pour le côté pratique. J'ai assisté à des conférences, participé à des congrès et j'ai aussi continué de m'intégrer au groupe d'enseignants du primaire pendant trois ans. Ce groupe comprenait des titulaires du primaire, des orthopédagogues, des titulaires de groupes fermés d'enfants ayant des troubles d'apprentissage et une autre enseignante au préscolaire.

Ces échanges, les lectures que j'ai faites, les congrès et conférences auxquels j'ai assisté, les expériences que j'ai tentées dans ma classe ont nourri mon questionnement, m'ont apporté des réponses et m'ont soutenue pour m'approprier la philosophie et la démarche de cette approche et l'appliquer auprès de mes jeunes apprenants.

À partir du moment où j'ai entrepris cette démarche, les gens autour de moi m'ont vue changer. Je n'arrêtais pas de parler des expériences que je tentais, des réactions des enfants. J'avais hâte d'arriver dans ma classe le matin. Bref, je retrouvais la passion d'enseigner.

Chez les enfants aussi, des changements importants se sont manifestés rapidement. Ils ont commencé à se comporter comme des lecteurs et des scripteurs, à discuter d'auteurs entre eux, à parler de leurs écrits. J'avais trouvé une façon d'aborder l'écrit de façon naturelle et individualisée.

PRINCIPES

Tout d'abord, voici le cadre théorique, les principes qui guident mes actions pédagogiques. Si l'on regarde la foule d'apprentissages qu'un enfant fait avant d'entrer à l'école et les conditions qui favorisent ces apprentissages, nous pouvons faire l'hypothèse que si ces conditions sont recréées dans une classe au niveau de l'écrit, l'apprentissage se fera tout aussi naturellement que s'est fait celui de la marche ou du langage oral.

Environnement riche

Pour apprendre à lire ou à écrire, les enfants ont besoin d'un milieu riche en écrit. Lorsqu'un enfant apprend à parler, les personnes qui l'entourent lui parlent dès sa naissance, le bébé entend parler autour de lui, il est naturellement mis dans un milieu riche en langage.

Dans ma classe, les enfants sont entourés d'écrits et tous sont signifiants : chansons, consignes, règles de vie et, évidemment, beaucoup de beaux livres et plusieurs livres grand format. J'essaie de mettre à leur disposition toutes sortes de livres : des contes, des livres d'information, des livres-jeux, des livres sans texte, des livres avec des cassettes, des poèmes, des histoires pour rire, pour être ému et pour avoir peur.

Je saisis également toutes les occasions pour lire et écrire devant eux : je leur lis les communications aux parents, je leur écris un message chaque jour, j'écris à l'occasion leurs mots lors d'une causerie, j'écris leurs idées lorsque nous devons prendre une décision et je leur lis au moins un livre par jour.

Toutes ces actions visent à mettre les enfants dans un bain d'écrit, à rendre l'écrit omniprésent, de façon à susciter leur motivation à apprendre.

Enfant actif dans son apprentissage

Lorsqu'on observe un enfant qui apprend, on s'aperçoit rapidement qu'il est actif dans son apprentissage. Il ne fait pas qu'assimiler les connaissances qu'un « maître » lui transmet. Au contraire, il est constamment en train d'essayer de comprendre le monde qui l'entoure.

Un enfant qui apprend à parler ne fait pas que répéter ce qu'il entend, il essaie de reconstruire la langue. Il fait constamment des hypothèses sur la structure et le fonctionnement du langage et il fait des essais pour confirmer ces hypothèses.

Je me souviens que ma fille Amélie, alors âgée de deux ans, voulait que j'éloigne sa chaise haute de la table. Elle m'a dit : « Déproche-moi maman. » J'ai naturellement trouvé cette invention charmante, j'ai souri et je lui ai dit : « Oui, ma grande, je vais t'éloigner de la table. » Elle me démontrait qu'elle avait saisi que le préfixe « dé » servait à exprimer un contraire comme dans faire et défaire, et elle faisait l'hypothèse qu'il en était ainsi pour approcher et « déprocher ». Mon intervention lui montrait que j'avais compris ce qu'elle voulait dire et, en même temps, je lui donnais une formulation plus exacte.

À l'écrit, il est important de permettre et même d'encourager les « inventions », les approximations. Elles nous démontrent ce que les enfants connaissent de l'écrit.

Lorsqu'on considère que les enfants sont actifs dans leur apprentissage, on ne peut pas s'attendre à ce qu'ils développent tous les mêmes stratégies en même temps et dans le même ordre. Lorsqu'on observe des enfants qui apprennent à marcher, on remarque que certains marchent d'abord à quatre pattes, d'autres rampent en se servant surtout de leurs bras, d'autres roulent sur eux-mêmes, d'autres encore cherchent à se lever debout en se tenant aux meubles. Mais tous les enfants finissent par marcher sur leurs deux pieds un jour ou l'autre. À l'écrit, il est important de voir les enfants ainsi. Certains enfants commencent par des gribouillis, d'autres écrivent une enfilade de lettres, d'autres écrivent des lettres et des chiffres indistinctement, d'autres associent lettres et sons. Mais tous finiront par écrire correctement un jour ou l'autre.

Droit à l'erreur

Le fait de considérer les enfants comme actifs dans leur apprentissage m'amène automatiquement à leur accorder le droit à l'erreur. Lorsqu'un enfant commence à parler, il ne viendrait à l'idée de personne d'exiger une prononciation et une syntaxe parfaites dès les premiers essais. Lorsqu'un enfant dit « dehors », sa mère comprend facilement qu'il veut dire «Je veux aller dehors ». Elle n'exige pas qu'il reprenne mais elle va plutôt compléter sa phrase pour vérifier qu'elle a bien compris et pour qu'il entende la formulation correcte. Les personnes qui entourent l'enfant qui apprend à parler font des efforts pour le comprendre. La plus belle preuve est que, très souvent, les seules personnes à comprendre ce que dit un enfant sont ses parents.

À l'oral, le droit à l'erreur est acquis d'emblée. Les erreurs sont considérées comme une étape normale de l'apprentissage. Personne n'a peur que s'il laisse son enfant dire « crain » pour « train », celui-ci ne veuille jamais s'améliorer.

Pourtant, même si ces comportements se font tout naturellement dans les apprentissages « non scolaires », lorsque l'enfant arrive à l'école, on exige souvent de lui qu'il fasse tout correctement et du premier coup, sinon il doit effacer et recommencer ! Dans ma classe, je permets aux enfants d'explorer, d'apprivoiser la langue, de faire des approximations. Lorsque les enfants commencent à écrire, j'accepte toutes leurs façons d'écrire. J'observe ce que chacun connaît de l'écrit, puis nous essayons de construire sur ce savoir plutôt que d'essayer d'éliminer les erreurs.

Confiance

Pour que l'enfant ose s'essayer à écrire, il faut d'abord établir un climat de confiance. Le premier niveau de confiance se situe face à l'adulte. Celui-ci doit d'abord être confiant dans le fait que tous les enfants vont réussir à lire et à écrire correctement à un moment donné. Je ne connais aucun parent qui craigne que son enfant ne réussisse jamais à parler ou à marcher correctement un jour, sauf, évidemment, si l'enfant souffre d'une déficience ou d'un handicap important. Même si un enfant ne marche pas encore à quinze mois, ses parents peuvent émettre des commentaires comme « Il n'est pas pressé, celui-là », ou « Il parlait déjà à un an, il ne peut pas tout apprendre en même temps »; mais je n'en ai jamais entendu dire : « Ça m'inquiète vraiment, j'ai peur qu'il marche à quatre pattes toute sa vie. »

Au niveau de l'écrit, cependant, les adultes qui entourent l'enfant ne font pas toujours preuve de la même confiance. Dès les premiers essais pour écrire, on corrige l'enfant, on intervient immédiatement sur sa façon de tenir son crayon, sur sa façon de former les lettres, sur l'importance d'une belle calligraphie, sur l'importance de corriger toutes les fautes. On a peur que si on laisse un enfant écrire un i en partant du bas ou écrire de droite à gauche, ce défaut aille immédiatement s'incruster et qu'il soit impossible de le corriger.

Lorsque mes élèves écrivent, j'essaie d'abord de valoriser leurs essais et de leur faire prendre conscience des stratégies qu'ils utilisent déjà. Par exemple, lorsque Valérie a écrit « E M » pour « je t'aime », je lui ai d'abord demandé ce qu'elle avait écrit, puis je lui ai dit : « J'aime ça quand tu m'écris des mots d'amour. Tu as entendu E et M dans “je t'aime”, c'est pour ça que tu as écris cela, n'est-ce pas ? » J'interviens d'abord sur le sens, car lorsqu'on écrit, c'est d'abord pour dire quelque chose et non pour apprendre à écrire; ensuite, j'ai passé un commentaire sur la forme en soulignant ce qu'il y avait de positif. Lorsque Valérie aura acquis une bonne confiance en elle, qu'elle osera facilement écrire, je pourrai alors lui faire des commentaires pouvant l'amener plus loin.

Ce qui veut dire que si l'enseignant a réellement confiance dans les possibilités des enfants qui lui sont confiés, il amènera ceux-ci à développer leur confiance en eux, de telle sorte qu'ils oseront faire des essais sans toujours avoir peur de se tromper et de se le faire dire.

Pratique contre exercices

Pour qu'un apprentissage réel se fasse, les enfants doivent être mis dans des situations réelles, ils doivent être mis en situation de pratique par opposition à une situation d'exercice. Lorsqu'un enfant apprend à monter à bicyclette, on ne pense pas à décortiquer cette habileté en sous-habiletés telles que tenir le guidon, pédaler, freiner, et à faire développer ces habiletés séparément par des exercices. Le seul moyen d'apprendre à monter à bicyclette est de monter sur une bicyclette et de s'essayer en ayant quelqu'un pour tenir la selle ou pour donner des instructions sur tel ou tel aspect à améliorer.

Parler est également considéré comme un apprentissage global et on ne pense même pas à faire apprendre les sons ou les mots séparément pour que l'enfant apprenne à parler. On lui parle, il nous répond, voilà !

Dans ma classe, nous lisons et nous écrivons toujours pour de vraies raisons. Nous ne lisons jamais pour apprendre à lire, nous lisons pour nous informer, nous divertir, pour apprendre, bref, pour les mêmes raisons que celles pour lesquelles les lecteurs compétents lisent. Je n'enseigne pas à lire ou à écrire l'alphabet de façon systématique, parce que les lettres ne sont pas en soi porteuses de sens. Cependant, lorsque nous lisons ensemble un message que j'écris au groupe, je nomme très souvent des lettres mais toujours avec l'intention de découvrir ce qui est écrit, dans un contexte de communication.

Quand je présente une activité de lecture ou d'écriture, je me pose toujours cette question : « Est-ce qu'un lecteur ou un scripteur fait ce genre d'activité dans la "vraie vie" ou ce genre d'activité ne se fait-il qu'à l'école ? » (voir encadré). Par exemple, je ne demande pas aux enfants d'entourer tous les « e » dans un texte parce que cet exercice n'a aucun sens pour un lecteur. Ce qui veut dire que je présente toujours à mes élèves des activités de lecture et d'écriture dans un contexte signifiant et réel.

Vraie lecture	Lecture « scolaire »
Un texte authentique est lu (vrai auteur, vrai sens).	Un « texte » est lu (écrit pour apprendre à lire).
Le but de la lecture est la construction de sens.	Le but de la lecture est l'habileté, la pratique, la performance.
Liberté d'interprétation.	Un « vrai » sens est imposé.
Le lecteur utilise ses propres stratégies.	Les stratégies sont limitées

Vraie écriture	Écriture « scolaire »
Un texte authentique est écrit.	On écrit pour apprendre à écrire.
Le but de l'écriture est l'expression de la pensée.	Le but de l'écriture est l'habileté, la pratique, la performance.
Liberté d'écrire, choix de sujets.	Tous écrivent la même chose ou sur le même sujet.
Le scripteur utilise ses propres stratégies.	Les stratégies sont restreintes ou imposées.

Modèles

Les enfants ont besoin de modèles pour apprendre, c'est connu, c'est ce qui suscite leur motivation. Un jeune qui joue au baseball s'identifie souvent à une vedette, à quelqu'un qui est signifiant pour lui et qu'il tente d'imiter. Un jeune enfant à qui l'on ne parlerait pas et qui ne serait pas en contact avec des gens qui parlent ne pourrait pas être motivé à apprendre à parler. Alors, on lui parle, on le place parmi les autres membres de la famille, il entend parler autour de lui et, peu à peu, il comprend à quoi sert le langage, comment il fonctionne, et commence à faire des essais pour communiquer.

Pour l'apprentissage de la lecture et de l'écriture, il est encore plus important de donner des modèles aux enfants car cet apprentissage n'est pas inné, l'écrit est un phénomène culturel. Il est donc très important que l'enseignant serve de modèle aux enfants en lisant devant eux, en montrant de l'intérêt pour les livres, en écrivant devant eux. Il est très difficile de transmettre le goût de lire et d'écrire si on n'aime pas lire et écrire soi-même.

En pratique, pour être un bon modèle de lecteur et de scripteur, je lis régulièrement à mes élèves toutes sortes d'écrits (contes, poèmes, livres d'information...). Il m'arrive de leur parler de mes lectures personnelles ou d'apporter un roman que je lis pendant une période de lecture silencieuse. J'essaie également de ne pas être le seul modèle. Des élèves plus âgés viennent lire à mes élèves des contes ou des textes qu'ils ont écrits. Des parents viennent à l'occasion s'installer au coin de lecture pour lire aux enfants. En procédant ainsi, mon objectif est de susciter la motivation des enfants, de leur faire voir ce que peut leur apporter la lecture et l'écriture, que ce soit l'utile ou l'agréable. Finalement, je constate chaque année que les enfants finissent par être tellement emballés qu'ils deviennent des modèles entre eux.

Coopération

L'apprentissage de l'écrit, tout comme n'importe quel autre, ne se fait pas en circuit fermé entre un maître et un apprenti. Lorsqu'un enfant apprend à parler, on le considère comme faisant partie de la « communauté des gens qui parlent ». Des gens qui l'entourent le soutiennent et l'aident dans son apprentissage et il est fortement encouragé à « copier » les comportements des gens plus habiles que lui. Lorsqu'il babille ou qu'il commence à dire quelques mots, il ne reçoit que des encouragements, ses efforts sont célébrés, personne ne songe à dire qu'il fait semblant de parler, qu'il ne fait qu'imiter ceux qui parlent. Il est considéré comme faisant partie à part entière du club des gens qui parlent.

À l'écrit, par contre, les enfants qui arrivent à l'école sont souvent considérés comme des « contenants à remplir », même pas comme des apprentis. On exige souvent d'eux qu'ils travaillent seuls, pour ne pas qu'ils deviennent paresseux en « copiant » sur le voisin, et souvent, on met l'accent sur les erreurs.

Dans ma classe, j'essaie de former une communauté d'apprenants, où chacun est considéré et se considère comme quelqu'un qui lit et qui écrit. Je crois que ce sentiment d'appartenance est très important, car chacun est accepté dans le groupe avec ses forces et ses limites. Un enfant qui est au stade du gribouillis est considéré comme un scripteur au même titre qu'un autre qui a plusieurs stratégies pour écrire et qui écrit de façon lisible.

De cette façon, l'estime de soi peut grandir ou se construire. Je crois profondément que l'estime de soi est la base sur laquelle se construisent les apprentissages. Un enfant qui ne s'aime pas ou qui n'a pas confiance en lui apprendra plus difficilement, et ses apprentissages seront souvent fragiles. S'il se voit comme quelqu'un qui lit et qui écrit, au même titre que ses copains, il osera prendre des risques pour apprendre.

Une communauté d'apprenants est un endroit où chacun s'entraide. Il est fréquent que des enfants assis à une même table se donnent des idées pour écrire ou s'aident pour apprivoiser le code. Lorsqu'un enfant lit au groupe ce qu'il a écrit, il reçoit encouragements et commentaires positifs. Le groupe devient très signifiant et c'est un soutien pour ces jeunes apprentis.

Dans la classe

Dans la pratique, comment est-il possible d'actualiser ces principes ? Quelles activités puis-je proposer et quels gestes pédagogiques vais-je faire pour être cohérente avec les croyances que je viens d'exposer ?

Dès les premiers jours de l'année scolaire, j'intègre l'écrit à la vie de la classe. Dès la première journée, et tous les autres jours par la suite, je demande aux enfants d'écrire leur nom sur une grande feuille pour que je sache qu'ils sont arrivés. Je signe aussi et si un parent ou ma stagiaire sont là, ils signent aussi. Chaque enfant signe du mieux qu'il peut, soit en lettres moulées, en copiant deux ou trois lettres de son carton modèle ou même avec du gribouillis. Ces cartons avec leurs noms sont à leur disposition mais ils ne sont pas obligatoires.

L'enfant y va selon sa compétence. Chaque essai est accepté et encouragé. Je veux d'abord l'amener à avoir confiance en lui, à oser écrire sans chercher à me plaire, sans chercher un jugement du genre « C'est bien » ou « Regarde, il te manque une lettre » ou « Celle-ci n'est pas bien formée ». Si j'intervenais dès le début en corrigeant le sens de l'écriture, les lettres qui manquent ou qui sont mal formées, je montrerais aux enfants que j'attache beaucoup plus d'importance à la technique qu'au contenu. J'essaie de les amener à écrire pour de vraies raisons et non à écrire pour apprendre à écrire. J'interviens pour améliorer la technique de l'enfant seulement quand un climat de confiance est établi entre lui et moi.

Je me souviens que Jérôme refusait carrément d'écrire son nom le premier jour malgré mes encouragements. « Je ne sais pas écrire », me disait-il, et il essayait de s'esquiver. Je ne voulais pas l'obliger de façon sévère, ni le laisser aller car j'avais peur qu'il vive sa dérobade comme un échec et que son estime de soi en soit affectée. Je lui ai alors montré son carton modèle et je lui ai demandé s'il voulait apprendre à écrire la première lettre. J'ai pris son doigt et l'ai passé sur le J puis, j'ai écrit un J devant lui. Il a pris un crayon et a tracé un J timide. « Bravo ! » ai-je dit. Après cela, il allait chercher les autres enfants pour leur montrer son J en disant, tout fier : « Regarde, j'ai écrit mon nom ! ». Quelques jours plus tard, il écrivait son prénom au complet. En ménageant son estime de soi et en n'exigeant pas une performance parfaite, j'ai permis à Jérôme de prendre confiance en ses possibilités et favorisé ainsi une attitude positive face à l'apprentissage.

Les enfants sont également invités à lire dès les premiers jours de classe. La demi-journée de classe commence toujours par la lecture d'un message que je leur écris et qu'on essaie de lire ensemble. Pour réussir à lire ce message, je tente de donner différentes stratégies aux enfants. Par exemple, ils apprennent vite que le message commence toujours par une salutation comme « Bonjour, les enfants ! », et qu'il se termine par ma signature. Ils sont encouragés à anticiper en se servant du sens, de la construction de la phrase, ainsi qu'en regardant les lettres et à quels sons elles correspondent. Tout le groupe est évidemment beaucoup plus compétent que chaque enfant séparément. Lire ce message devient rapidement une activité où les enfants essaient des stratégies de lecture, osent se tromper, confrontent leurs hypothèses, tout en étant en situation de réussite. Chacun apprend à son rythme ce qu'il est prêt à apprendre.

L'écrit dans ma classe n'est pas confiné au coin de lecture et au coin d'écriture. Au coin de maison, des tablettes de papier et des crayons sont disponibles pour que les enfants puissent dresser des listes d'épicerie ou prendre des messages téléphoniques. Au coin de construction, les enfants trouvent des informations utiles à leurs constructions. Des cartons et des crayons servent à faire des pancartes pour mettre en bordure des routes. Au coin des arts, des étapes de réalisation pour une activité spécifique sont écrites et illustrées pour que les enfants puissent y référer.

Dernièrement, Francis avait commencé une construction avec des blocs Lego et il ne voulait pas la défaire au moment de ranger. « Dis aux amis de l'après-midi de ne pas la défaire », m'a-t-il dit. Je lui ai répondu que j'avais peur d'oublier et lui ai suggéré de leur écrire un message et de le mettre sur sa construction. Aussitôt dit, aussitôt fait ! Il a écrit une série de lettres sur une feuille et m'a dit qu'il avait écrit : « Ne pas défaire », et qu'il avait signé. « Tu leur diras qu'ils peuvent la continuer », a-t-il ajouté. Les enfants de l'après-midi ont bien respecté la demande de Francis. Lorsque je l'ai lue, ils ont continué la construction. Au moment de ranger, Mathieu a écrit un message à son tour et l'a mis à côté de celui de Francis. Un autre « Ne pas défaire », me suis-je dit. Mais Mathieu m'a confié : « Tu lui diras que j'ai écrit : " On vous a aidés ! " » N'est-ce pas que ces enfants ont compris le vrai sens de l'écriture ?

J'ai dans ma classe un personnage complice, un petit singe en peluche nommé Pico qui se promène de maison en maison dans son sac de voyage, avec sa brosse à dents et son journal personnel. Les parents écrivent dans le journal de Pico ce qui s'est passé lors de son passage dans leur maison. Le lendemain, en classe, je lis aux enfants la nouvelle entrée dans le journal avant d'envoyer Pico dans un autre foyer. Les enfants voient ainsi leurs parents écrire pour une vraie raison, et je lis un vrai texte aux enfants. Cela permet aussi à chaque enfant de se faire connaître un peu plus, de faire connaître sa famille et cela resserre les liens dans notre communauté de lecteurs et de scripteurs.

Je saisis également toutes les occasions d'écrire devant eux. Lorsque nous décidons de transformer le coin de maison en hôpital, par exemple, j'écris sur une grande feuille tous les objets dont nous aurons besoin et, à côté, le nom de la personne qui peut l'apporter. Lors d'une causerie, il m'arrive d'écrire un peu de ce que chaque enfant dit en mettant son nom à côté. Il arrive fréquemment que les enfants retournent à cette feuille en disant, par exemple : « Ici c'est écrit " Je suis allée chez ma grand-mère ", regarde c'est mon nom à côté ! » Cela permet aux enfants de vivre rapidement des réussites en lecture et de développer un sentiment de compétence.

De temps à autre, nous faisons ensemble un atelier d'écriture. Cette période est un moment où nous écrivons tous en même temps mais pas nécessairement la même chose. L'atelier est divisé en trois temps :

1. La mini-leçon

Au début, je rassemble les enfants devant moi et je leur donne une courte leçon sur quelque chose pouvant les aider à mieux écrire. Le sujet de la mini-leçon découle des observations que je fais auprès des enfants. Par exemple, je peux leur parler des illustrations qui doivent aller avec le texte. Je peux dresser avec eux une liste d'idées, de sujets pour écrire. Je peux également faire une leçon sur la façon de rendre une histoire plus vivante, de mettre de l'humour dans les illustrations, de trouver un titre.

La mini-leçon ne dure pas plus que quelques minutes et elle porte sur un point précis, bien cerné. Je ne m'attends évidemment pas à ce que tous les enfants appliquent immédiatement ce dont je viens de leur parler, et je ne l'exige pas. Ceux qui sont prêts l'appliquent et chez les autres... ce sera pour plus tard.

2. Écriture

Après la mini-leçon, c'est le moment d'écrire. Tous les enfants s'installent avec des crayons, des stylos-feutres ou des crayons de cire et ils écrivent. Ils peuvent prendre une simple feuille de papier, ou un livre en blanc. Ils écrivent des histoires avec des personnages de livres qu'ils connaissent, des histoires de princesse, des histoires avec des héros de la télévision ou des histoires sortant directement de leur imagination, plus ou moins farfelues et parfois plus ou moins cohérentes. Mon rôle consiste à aider certains enfants à trouver un sujet qui les intéresse, à les questionner pour améliorer la cohérence de leur histoire, à donner des stratégies à ceux qui en ont besoin, à écouter ce qu'ils me racontent.

Lorsque je circule auprès des enfants, je demande toujours « Qu'est-ce que tu écris ? De quoi parle ton histoire ? » Je m'intéresse d'abord au contenu, c'est d'ailleurs pour ça que l'enfant écrit, pour dire quelque chose. Je demande à l'enfant de me lire ce qu'il a écrit et je réagis à ce qu'il me lit. Je ne dis jamais « C'est bien », je dis plutôt « Je ne savais pas que tu avais un chien. Est-ce qu'il fait vraiment cela ? » Je passe un commentaire plutôt que de porter un jugement. Si je dis « C'est bien » lorsque l'enfant écrit sur son chien, il peut supposer que s'il parle d'un autre sujet, il est possible que je dise : « Ce n'est pas bien » et un vrai auteur ne cherche pas un jugement sur son sujet lorsqu'il écrit sur quelque chose qui lui tient à cœur.

Après une première réaction, je demande souvent : « Qu'est-ce qui va arriver après ? » pour amener l'enfant à mettre son histoire en mouvement, à relier les événements.

Je peux aussi aider un enfant à entendre les sons des mots qu'il veut écrire en allongeant la prononciation. Par exemple : « Tu peux écrire "maman" ? Écoute : mmm...aaa, qu'est-ce que tu entends ? » Je fais ce genre d'interventions seulement si l'enfant est prêt, c'est-à-dire s'il connaît suffisamment son alphabet pour avoir les outils nécessaires. Si je m'aperçois qu'il ne connaît pas le nom des lettres, je lui suggère d'écrire pour le moment le mot comme il le pense; il peut choisir les lettres qu'il veut. Habituellement, les enfants peuvent « lire » ce qu'ils ont écrit, soit en se référant aux images, soit en réinventant carrément leur texte.

Les enfants peuvent lire une histoire différente à chaque fois qu'ils relisent le même texte, tant qu'ils n'ont pas saisi la permanence de l'écrit. À partir de ce moment, une histoire écrite par l'enfant restera toujours la même.

3. Conférence

Après un certain temps, quand je sens que les enfants sont fatigués, que la capacité de concentration approche de sa limite, nous nous rassemblons et deux ou trois enfants lisent au groupe ce qu'ils ont écrit. C'est l'étape de la valorisation, des encouragements. Les autres enfants donnent leurs commentaires au jeune auteur qui repart grandi d'un ou deux centimètres.

Stratégies des enfants

Quand je regarde l'écrit d'un enfant de cinq ans, comment puis-je interpréter son niveau de conscience de l'écrit ? Qu'est-ce que cet écrit me dit sur ce que cet enfant connaît de l'écrit ? Prenons quelques exemples.

Quand je regarde l'écrit de septembre de Dany (voir ill. 1), je peux supposer qu'il imite l'écriture cursive. Pour l'avoir vu écrire, je sais qu'il écrit de gauche à droite. Dany me démontre également qu'il connaît la différence entre dessiner et écrire, même s'il n'a pas mis beaucoup de contenu ni dans son dessin ni dans ce qu'il m'a dit avoir écrit. En février, Dany a saisi le concept de la lettre, les lettres qu'il écrit sont lisibles et il étoffe le contenu de son dessin et de son écrit (voir ill. 2).

Quant à Charles, il imite probablement l'écriture scripte en écrivant des signes ayant une vague forme ronde et qui ne sont pas encore des lettres (voir ill. 3).

Guillaume utilise pour écrire les lettres qu'il connaît le plus, celles de son nom. Il en est à l'étape où il suffit de changer les lettres de place pour créer un nouveau sens. Pensée magique, sans doute, mais surtout représentation logique du fonctionnement de la langue écrite; Guillaume découvre que les mots qui se prononcent différemment à l'oral s'écrivent de façon différente (voir ill. 4).

Josianne ne différencie pas les lettres des chiffres. Elle écrit toujours une enfilade de lettres et de chiffres, indistinctement. Par contre, lorsqu'elle lit ce qu'elle écrit, il est clair qu'elle a compris la différence entre le langage littéraire et le langage oral. Une de ses histoires commençait par : « Tous ils dormaient, mais le robinet coulait... » Déjà l'art d'accrocher le lecteur dès la première phrase ! (voir ill. 5).

Valérie commence à associer lettres et sons. Elle entend surtout les consonnes des mots qu'elle veut écrire. Elle peut également aller chercher son prénom dans l'environnement et le copier (voir ill. 6).

Philippe, quant à lui, écrit à peu près tous les sons des mots. Il sait orthographier correctement le mot « Noël » et il fait des tentatives de ponctuation. La première ligne est raturée, ce qui indique un début d'autocorrection au niveau de la structure de son histoire. Il commençait à écrire « Je développe mes cadeaux » et il s'est aperçu que cet événement allait plus loin dans son histoire. Il devait se passer autre chose avant. (Voir illustration 7.)

Marianne aussi écrit tous les sons des mots. En plus, elle me démontre qu'elle sait écrire certains sons à deux lettres comme « ou » et « ch » (voir ill. 8).

Tania, en plus d'écrire tous les sons, sépare ses mots et ajoute de la ponctuation. Je peux également m'apercevoir que Tania ne fait pas qu'écrire au son, elle sait de quoi a l'air la langue française. Elle a découvert que le son « è » peut s'écrire « est » ou « ait ». Elle sait également orthographier correctement quelques mots comme « j'ai », « les » et « maman » (voir ill. 9).

Chaque enfant connaît quelque chose de l'écrit et un regard positif sur ces écrits est toujours plus motivant pour l'enseignant comme pour l'élève et ce regard est également plus encourageant pour le jeune apprenant.

Littérature

Pour que les enfants deviennent de bons auteurs et de bons lecteurs, la littérature enfantine doit occuper une grande place dans la classe et elle peut être exploitée de multiples façons. Les livres à structure prévisible sont un excellent moyen d'aborder la lecture avec les petits. Une histoire est prévisible lorsqu'il est facile d'anticiper ce qui vient, soit par la répétition des phrases, par les événements cumulatifs, ou par l'effet de cause à conséquence.

Ces histoires sont les préférées des enfants. Nous n'avons qu'à nous rappeler l'histoire de « Boucle d'or et les trois ours » et comment nous aimions dire et redire « Qui a couché dans mon grand lit ? », pour nous rendre compte de l'attrait irrésistible des histoires de ce genre. Les enfants les aiment parce qu'ils peuvent facilement anticiper, qu'ils peuvent rapidement se joindre à la lecture et développer ainsi un sentiment de compétence. Mes élèves adorent se placer à quatre ou cinq autour d'un de nos grands livres favoris et le lire en choeur.

« Pour un lecteur particulier, la vraie mesure de la difficulté d'un texte sera la prévisibilité. Plus le texte sera prévisible, plus il sera facile. » (Goodman, 1989.)

Donc, le critère principal pour le choix des livres que je présente aux enfants, outre l'intérêt qu'il peut susciter, n'est pas la facilité à décoder mais plutôt la facilité à prévoir ce qui va arriver.

Ce qui veut dire que nous relisons certaines histoires plusieurs fois. Certains textes se prêtent très bien au mime, comme « Les trois Barbichu » ou « Voilà qu'on sonne »; certaines se lisent en deux groupes, chaque groupe faisant la voix d'un des deux personnages, comme « Petite souris, t'ennuies-tu ? » ou « Les pantoufles de grand-papa ».

Il m'arrive de demander aux enfants d'autres genres d'activités en réponse au livre. J'appelle ce concept « réponse à la littérature ». Par exemple, après la lecture de « Ça, c'est chez moi », où l'ours Timothée se cherche une maison, je demande aux enfants de choisir leur maison préférée dans ce livre et d'aller la construire au coin de construction.

Les illustrations d'« À bientôt, Croco » sont superbes. Elles contiennent beaucoup de détails ainsi qu'une bordure amusante à chaque page. Après avoir bien observé les illustrations d'Yvonne Cathcart dans ce livre, je propose aux enfants de dessiner à la façon de cette illustratrice en mettant beaucoup de détails ainsi qu'une bordure de leur invention. Les enfants s'identifient réellement à l'illustratrice en dessinant.

Les extraordinaires illustrations de Barbara Reid faites en pâte à modeler nous invitent à explorer ce matériau d'une façon nouvelle.

Les livres « Benjamin et la nuit » et « Quand les fantômes me réveillent... » nous amènent à parler des peurs et des moyens de les surmonter.

Ces activités en relation avec les livres permettent aux enfants d'approfondir leur compréhension de l'histoire et de s'en approprier le sens en s'identifiant à l'auteur et à l'illustrateur.

Par la suite, lorsqu'ils écrivent ou illustrent une histoire, je vois souvent des enfants réinvestir ce qu'ils ont découvert et ils en viennent à se considérer, et à réfléchir comme des écrivains.

Un autre moyen pour approfondir la structure d'une histoire et pour modeler les stratégies d'écriture, c'est d'écrire une histoire collectivement. Je me souviens de la première fois où j'ai voulu inventer une histoire avec les enfants, en partant seulement d'une idée générale. J'ai eu chaud ! Douze idées différentes arrivaient en même temps, je trouvais difficile de choisir ou de faire choisir les enfants, certains se désintéressaient; bref, ce n'est pas pour moi un souvenir heureux. Ce fut plutôt pénible et le résultat décevant.

Maintenant, quand nous écrivons une histoire ensemble, je pars toujours d'une histoire à structure répétitive et nous écrivons une version de cette histoire, en gardant la même structure et en changeant le contenu. Par exemple, après avoir relu « Les pantoufles de grand-papa », dont la fin sous-entend que l'histoire recommence avec le gilet de grand-papa, les enfants ont voulu écrire une suite. Nous avons tout d'abord fait la liste d'objets et de vêtements que pourrait avoir grand-papa, puis nous avons finalement opté pour « Les lunettes de grand-papa ».

Le lendemain, nous commencions l'écriture. Nous allions régulièrement voir dans le livre pour vérifier l'enchaînement des phrases et des événements puis nous décidions ce que nous allions écrire à la place, en gardant la même structure. À la fin, les enfants connaissaient très bien la structure de cette histoire et il n'était plus nécessaire de retourner au livre. Les enfants ont même remarqué l'agencement du texte et des illustrations dans le livre et ont décidé d'agencer texte et illustrations « comme dans l'autre livre ». Lorsque notre histoire a finalement été écrite, illustrée et reliée, les enfants y sont retournés souvent pour la relire. Encore une fois, leur compétence de lecteur était renforcée.

Une des façons de prolonger le plaisir de lire et de se faire lire à l'école est de m'assurer que les enfants se font faire la lecture à la maison. Le meilleur moyen que j'ai trouvé est de prêter les livres de la classe aux enfants. Chaque enfant peut apporter un livre à la maison chaque jour, à condition qu'il me le rapporte le lendemain. J'ai vu plusieurs enfants commencer à vraiment s'intéresser aux livres quand ils ont commencé à apporter à la maison des livres de l'école.

La mère de Guillaume me disait qu'avant de venir à la maternelle, son fils n'aimait pas vraiment se faire lire. « Il ne restait pas assis plus que les deux premières pages », me disait-elle. Dès les premières semaines d'école, alors que Guillaume se faisait souvent lire à l'école et qu'il a commencé à apporter des livres à la maison, il a commencé à réclamer à sa mère de lui lire une histoire régulièrement.

Les parents sont également sollicités pour une autre activité à la maison : le journal de lecture. Chaque enfant a son cahier, que j'ai délibérément choisi coloré et attrayant. Après que le parent a lu une histoire à l'enfant, il écrit dans le journal les commentaires de celui-ci. Les objectifs visés par cette activité sont d'abord de développer le goût de la lecture puis d'amener les enfants à réfléchir, à réagir et à émettre une opinion. Je demande deux commentaires par semaine et, à la fin de la semaine, je ramasse les journaux et je réponds à chaque enfant pour l'amener à poursuivre sa réflexion.

J'ai pu voir l'évolution de la qualité des commentaires de Michaël au cours de l'année. Le commentaire que Michaël avait fait en octobre se situait à un niveau très superficiel, il soulignait simplement un moment de l'histoire qu'il avait particulièrement aimé. Ses commentaires de mars étaient beaucoup plus profonds, plus engagés. Michaël portait maintenant un jugement moral sur les agissements des personnages de ses livres et il faisait même un transfert dans sa vie affective.

L'exploitation de la littérature enfantine est un excellent moyen de stimuler chez les enfants le goût de lire et d'écrire. Lorsqu'on leur présente des écrits de vrais auteurs, les enfants se comportent en vrais lecteurs. Ils ont leurs auteurs préférés, ils reconnaissent le style de tel auteur, font des liens entre différentes histoires et réinvestissent dans leurs écrits.

Et finalement, c'est tellement plus amusant pour tout le monde que le b-a, ba !

CONCLUSION

Lorsque l'écrit est abordé de cette façon, les enfants ont la possibilité de se l'approprier à leur rythme. Ceux qui ont eu très peu de stimulation face à l'écrit avant de venir à l'école passent rapidement de la curiosité à l'attrait face aux livres. Ils ont la possibilité d'explorer l'écrit avec ce qu'ils connaissent, sans avoir à rencontrer une norme. L'évolution de leur conscience de l'écrit se fait en douceur, sans sentiment d'échec.

Les enfants à qui on a beaucoup lu et à qui on a souvent fait prendre conscience de l'écrit autour d'eux ont la possibilité d'aller plus loin, de développer des stratégies pour lire et pour écrire en ayant le soutien approprié. Ils ne sont pas obligés d'attendre le reste du groupe pour avancer. L'apprentissage se fait sans enseignement systématique et toujours dans un contexte de vraie communication.

Finalement, chaque enfant découvre et s'approprie petit à petit les règles de la langue écrite. Ne pas respecter un tel cheminement peut conduire les enfants dans le labyrinthe des sons et des lettres dont beaucoup d'élèves ne s'échappent jamais.

Bibliographie

BARRETT, F. L. (1988). *La lecture partagée : guide pédagogique*. Scolastique : TAB Publications Ltd.

BASKWILL, J. et WHITMAN, P. (1989). *Le langage intégré et l'évaluation de l'enfant : guide pratique*. Scolastique : TAB Publications Ltd.

BASKWILL, J. et WHITMAN, P. (1989). *Comment publier en classe : guide pratique*. Scolastique : TAB Publications Ltd.

FISHER, B. (1991). *Joyful Learning*. Portsmouth (New Hampshire) : Heinemann.

GOODMAN, K. (1989). *Le pourquoi et le comment du langage intégré*. Scolastique : TAB Publications Ltd.

LYNCH, P. (1989). *Comment utiliser les grands livres et la littérature enfantine*. Scolastique : TAB Publications Ltd.

McCORMICK-CALKINS, L. (1986). *The Art of Teaching Writing*. Portsmouth (New Hampshire) : Heinemann.

SMITH, F. (1986). *Devenir lecteur*. Paris : Armand Colin-Bourrelier.

WATSON, D., BURKE, C. BASKWILL, J. et WHITMAN, PHARSTE, J. (1990). *L'approche intégrée : les explorateurs*. Scolastique : TAB Publications Ltd.

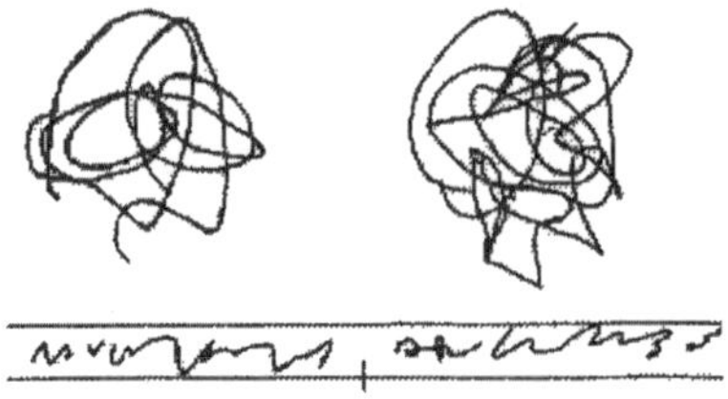

Illustration 1 : Écrit de Dany en septembre.

Illustration 2 : Écrit de Dany en février.

Illustration 3 : Écrit de Charles.

Illustration 4 : Écrit de Guillaume.

Illustration 5 : Écrit de Josianne.

Illustration 6 : Valérie trouve que son arbre est beau.

Illustration 7 : Écrit de Philippe : C'est la nuit de Noël. Je me réveille, j'allume les lumières.

Illustration 8 : Écrit de Marianne : Et ensuite la journée est terminée, il faut que j'aille chez moi.

1) J'ai appelé les pompiers. Les pompiers ont dit : « Où est le feu ? » « Quel feu !!!! »
2) Il n'a pas eu jamais de feu ici. Maman, qui je dois téléphoner ? Oh oui, je sais, Francine.

Illustration 9 : Écrit de Tania.

Annexe

Suggestions de volumes pour la classe de maternelle

Belles histoires

AHLBERG, JANET et ALAN (1992). *Le facteur du père Noël.* Gallimard Jeunesse.

ALLISON, BEVERLY (1991). *Effie*. Scholastic Canada Ltd.

BARGE, COLETTE (1992). *Dans la gueule du monstre*. Toulouse : Milan.

GILMAN, PHOEBE (1992). *Un merveilleux petit rien.* Scholastic Canada Ltd.

HOLZWARTH, WERNER (1993). *De la petite taupe qui voulait savoir qui lui avait fait sur la tête*. Toulouse : Milan.

JOLIN, DOMINIQUE (1992). *Nom de nom !* Les Éditions du Raton Laveur.

LEMIEUX, MICHÈLE (1990). *Quel est ce bruit ?* Scholastic Canada Ltd.

MAUBILLE, JEAN (1992). *Il fait tout noir, Petit Lapin.* Paris : L'École des loisirs.

PFISTER, MARCUS (1992). *Arc-en-ciel, le plus beau poisson des océans.* Éditions Nord-Sud.

ROSS, TONY (1986). *Je veux mon p'tipot.* Seuil.

VAN ALLSBURG, CHRIS (1986). *Boréal-express*. L'École des loisirs.

WILKINS, MIKE (1991). *Je suis un canard.* Scholastic Canada Ltd.

Livres documentaires

BAILEY, LYNDA (1992). *S.O.S. les animaux des jungles et des forêts.* Scholastic Canada Ltd.

DUNN, JUDY (1988). *Le petit canard.* Héritage jeunesse.

DE BOECK-GAMMA, *Qu'y a-t-il à l'intérieur ? Les bébés.* Jeunesse-École Active, 1993.

PARÉ, ROGER (1985). *L'alphabet.* La Courte Échelle.

STINSON, KATHY (1987). *Le livre tout nu.* Annick Press Ltd.

VALAT, PIERRE-MARIE et PEROLS, SYLVAINE (1989). *La couleur.* Gallimard, Mes premières découvertes.

WATTS, BARRIE (1992). *La souris.* Hachette Jeunesse.

Albums sans texte

FÉLIX, MONIQUE (1993). *Histoire d'une petite souris qui était enfermée dans un livre* ou *Un avion.* Gallimard Jeunesse.

MAROL (1981). *Vagabul dans les nuages.* Gallimard.

TURK, HANNE (1984). *Bon voyage Alex.* Centurion Jeunesse.

Livres avec recettes ou procédures

BRIDWELL, NORMAN (1988). *Bertrand veut un biscuit.* Scholastic.

EHLERT, LOIS (1991). *Plantons une soupe aux légumes !* Scholastic.

GILMAN, PHOEBE (1988). *Les beaux cochons de Lili Tire-bouchon.* Scholastic. Mes premières activités manuelles, 1993.

Livres pour compter

BELLE, NICOLE (1991). *Dix petites souris.* Gründ.

GOMBOLI, MARIO (1991). *Verzéro forme les nombres.* Gründ, Un livre pour grandir.

KELLER, HOLLY (1985). *Au lit, moutons !* Scholastic.

MULLER, ROBIN (1992). *Friponi, fripono, fodge.* Scholastic.

SCHWARTZ, DAVID M. (1990). *1000 milliers de millions*. Circonflexe.

SHEPPARD, JEFF (1992). *Combien te faut-il d'éléphants ?* Scholastic.

Livres-jeux

BURSTON, PATRICK (1986). *La fête aux 100 maléfices*. Gründ.

HANDFORD, MARTIN (1987). *Où est Charlie ?* Gründ.

MARZOLLO, JEAN (1993). *C'est moi l'espion de Noël*. Scholastic.

Livres à structure prévisible

APPLEBY, ELLEN (1986). *Les trois Barbichu*. Scholastic Canada Ltd.

ASCH, FRANK (1985). *Bonne fête, la lune*. Scholastic-TAB Publications Ltd.

BOGART, JO ELLEN (1988). *Benoît et le savon volant*. Scholastic-TAB Publications ltd.

BOGART, JO ELLEN (1989). *10 à la fête*. Scholastic-TAB Publications Ltd.

BOUJON, CLAUDE (1985). *Bon appétit ! Monsieur Lapin*. L'École des loisirs.

BOURGEOIS, PAULETTE (1986). *Benjamin et la nuit*. Scholastic-TAB Publications Ltd.

CHARLES, NORMA M. (1991). *À bientôt, Croco !* Scholastic Canada Ltd.

COLE, JOANNA (1988). *Ça, c'est chez moi*. Scholastic-TAB Publications Ltd.

HALLINAN, P. K. (1977). *C'est ça un ami*. Ideals Children's Books.

HANDY, LIBBY (1982). *C'est moi qui mène*. Scholastic Canada Ltd.

HARRIS, DOROTHY JOAN (1990). *Pas de dinosaures dans le parc*. Scholastic-TAB Publications Ltd.

HUTCHINS, PAT (1988). *Voilà qu'on sonne !* Scholastic Canada Ltd.

JARRY, MARIE-HÉLÈNE (1991). *Quand les fantômes me réveillent...* Les Éditions du Raton Laveur.

JENNINGS, SHARON (1992). *Une journée avec Jérémie et Madame Ming*. Annick Press.

KELLER, HOLLY (1990). *Géraldine et sa tempête de neige*. Scholastic-TAB Publications Ltd.

KELLER, HOLLY (1984). *Trop grand*. Scholastic-TAB Publications Ltd.

KING, BOB (1991). *Chantons à la ferme*. Scholastic Canada Ltd.

KOVALSKI, MARYANN (1988). *En attendant l'autobus*. Scholastic-TAB Publications Ltd.

KRAUS, ROBERT (1990). *Petite souris, t'ennuies-tu ?* Scholastic Canada Ltd.

LUPPENS, MICHEL (1989). *Mais que font les fées avec toutes ces dents ?* Les Éditions du Raton Laveur.

LUPPENS, MICHEL (1984). *Tu ne peux pas savoir...* Les Éditions du Raton Laveur.

MCPHAIL, DAVID (1986). *Nina cherche un ami*. Gallimard.

MAYER, MERCER (1992). *J'ai oublié*. Les Presses d'or.

MUNSCH, ROBERT. *Je t'aimerai toujours*. Firefly Books Ltd.

MUNSCH, ROBERT (1989). *L'anniversaire*. La Courte Échelle.

MUNSCH, ROBERT (1992). *Violet, vert et jaune*. Annick Press Limitée.

POMERANTZ, CHARLOTTE (1985). *Un canard, un autre canard*. L'École des loisirs.

RAY, HÉLÈNE (1986). *Dessine-moi une maison*. Bordas, Bibliothèque des Benjamins.

SCHARER, NIKO (1965). *La maison d'Émilie*. Scholastic-TAB Publications Ltd.

SELIGMAN, LYNN (1989). *Philippe, fais attention*. Scholastic.

SHEPPARD, JEFF (1992). *Combien te faut-il d'éléphants ?* Scholastic Canada Ltd.

SMITH, BRENDA (1987). *Debout, dragon !* Minimax de l'École des loisirs.

STINSON, KATHY (1986). *Le rouge, c'est bien mieux*. Annick Press Ltd.

WATSON, JOY (1988). *Les pantoufles de grand-papa*. Scholastic Canada Ltd.

WEST, COLIN (1990). *Va le dire au toucan*. Gründ.

WEST, THOMAS (1990). *La toile de Zoé*. Scholastic-TAB Publications Ltd.

ZIMMERMANN, H. WERNER (1989). *Picorine, la poule*. Scholastic.

Remerciements

Des remerciements chaleureux aux enfants que nous avons observés et à ceux qui nous ont prêté leurs écrits; à Francine Veilleux pour l'enthousiasme qu'elle manifeste à aider les enfants de maternelle à lire et à écrire; au secrétaire, J. Ralph Pitre, qui nous a aussi soutenues tout au long de ce projet, ainsi qu'à Johanne Beaumont qui a fait la mise en pages du manuscrit.
Des remerciements également à l'Université du Québec à Chicoutimi pour son soutien.

imprimerie gagné ltée

IMPRIMÉ AU CANADA